교회학교, 1%의 **변화**로 **성장**할 수 있다

교회학교, 1% 변화로 성장할 수 있다

1판 1쇄 발행 2006년 12월 1일
1판 7쇄 발행 2015년 5월 10일

지은이 윤동일
펴낸이 신은철
펴낸곳 좋은씨앗
출판등록 제4-385호(1999.12.21)
주소 서울시 서초구 효령로 77길 20, 212호(현대ESA, 서초동)
주문전화 02-2057-3041 주문팩스 02-2057-3042
홈페이지 www.gsbooks.org
페이스북 facebook.com/goodseedbook
ISBN 978-89-5874-068-1 03230

책값은 뒷표지에 있습니다.

정체된 교회학교 부흥의 3가지 키워드

# 교회학교, 1%의 변화로 성장할 수 있다

윤동일 지음

좋은씨앗

## 차례

추천의 글     005
들어가는 글     009

### 1% 변화, 그 첫번째 키워드: 아날로그 관계로 전환하라

1장 하이테크에서 하이터치로     015
2장 율법 패러다임에서 은혜 패러다임으로     029
3장 지식 전달 관계에서 인격의 만남으로     047
4장 결과 중심 교육에서 과정 중심 교육으로     053

### 1% 변화, 그 두번째 키워드: 기본기에 충실하라

5장 교회론 — 교회사역을 해야 하는 이유     061
6장 핵심 가치 — 원리를 벗어나면 교회학교는 탈선한다     079
7장 비전 — 교회학교는 목적지가 있어야 한다     115
8장 콘텐츠와 전략 — 어떠한 내용물을 실을 것인가?     147

### 1% 변화, 그 세번째 키워드: 네트워크를 확보하라

9장 가정을 지지자로 만들라     169
10장 학교를 사역지로 바꾸라     179
11장 교회학교를 훈련소로 바꾸라     191

## 추천의 글

| **김지철 목사** 소망교회 담임목사 |

교육은 인간을 사랑하는 것입니다. 우리의 목적은 어린 학생들이 예수님을 통해 하나님의 사랑을 깨닫고 마침내 예수님 닮은 사람으로 살아가게 하는 데 있습니다. 이 책은 복음의 열정과 말씀의 은혜에 붙잡혀 발로 뛴 저자의 교육현장 세계와 교회교육을 향한 내면의 고뇌, 지혜, 가치관이 그대로 녹아 있습니다.

저자는 인간의 마음과 인격이 변화되는 아날로그교육, 무엇보다 교회론에 기초한 성령이 인도하시는 교육을 강조합니다. 저자가 제시하는 원리에 따라 교회학교가 1퍼센트의 작은 변화를 이룰 때, 아이들과 그들의 가정, 그리고 학교와 세상을 향한 리더십이 꽃피고 열매 맺을 것입니다. 이 책이 교회교육 현장에 참여하는 많은 분들에게 좋은 방향의 길잡이가 되기를 바랍니다.

| **고용수 박사** 전 장로회신학대학교 총장 |

저자는 지난 10년 간 건강한 교회학교를 꿈꾸며 교육현장에서 복음적 열정을 쏟고 있는 창의력 있는 교육전문 지도자요, 자랑스러운 나의 제자입니다. 이 책은 저자가 책상이 아닌 교회교육 현장에서 제기되는 여러 문제들을 안고 고민하면서 새롭게 시도해 본 실제경험의 이야기들을 담고 있습니다. 그러면서도 교회교육의 본질에 기초한 핵심원리를 제시하고 있습니다. 또한 성장세대를 위한 교회교육 중심기관인 교회학교의 분명한 비전의 활성화를 위해 가정과 교회, 그리고 학교간의 구체적인 협력체계 강화와 협력사역을 제안하고 있습니다. 교회학교 살리기 운동에 관심 있는 모든 분에게 이 책은 긍정적인 비전과 창의적 사고를 돕는 촉매제가 될 것입니다.

| **김만형 목사** 친구들교회 담임목사, 「SS혁신보고서」, 「SS자녀교육보고서」의 저자 |

지도자는 시대의 필요를 꿰뚫어보는 눈을 가져야 합니다. 저자는 바로 이런 점에서 탁월합니다. 저자가 다루는 관계, 감동, 은혜, 만

남, 성장, 성숙, 말씀의 단순화, 선택과 집중 등과 같은 이슈들은 기독교교육의 가장 중요한 가치들입니다. 저자는 어린이, 청소년 사역의 오랜 현장경험을 통해 터득한 이런 가치들을 명쾌하게 정리해 주고 있습니다. 한국교회가 이런 교회교육 지도자를 가진 것에 대해 기쁘게 생각합니다. 저는 이 책을 받고 단숨에 읽어 내려갔습니다. 작은 교회에서 큰 교회에 이르기까지 모든 교회의 형편을 품고자 하는 저자의 아름다운 마음에 진심으로 감사를 드립니다. 이 책이 한국교회의 다음세대를 준비하는 일에 귀하게 사용되리라 믿습니다.

| 홍민기 목사 주님의교회 교육목사, 「교사의 힘」, 「탱크목사 중고등부혁명」의 저자 |

교육부 교역자의 임기가 짧고, 교회교육에 대한 전문성을 키워가기 힘든 한국교회의 환경 속에서 절대적으로 필요한 일이 바로 사역 매뉴얼입니다. 제대로 된 매뉴얼은 빠른 기간 내에 사역을 정상 궤도로 올려줄 뿐 아니라, 시행착오를 최소화해 줍니다.

매뉴얼이 되려면 탄탄한 사역철학과 이론적 기초뿐 아니라, 현장에서 검증된 방법론이 함께 있어야 합니다. 이 균형을 유지하며 의미 있는 매뉴얼을 제공해 줄 수 있는 교회교육 전문가는 그리 흔하지 않습니다.

그런 의미에서 윤동일 목사님의 책을 만나는 게 너무도 반갑습니다. 이 책에는 오랜 기간 동안 다양한 현장에서 겪으면서 체득한 생생한 노하우들이 담겨 있습니다. 이제 막 교회 교육에 발을 딛은 교사나 교역자 분들에게는 좋은 지침서가 되며, 오랫동안 교육 부서에서 봉사하신 분들께는 그 동안의 경험을 체계적으로 정리하고 보다 효율적으로 현장에 적용할 수 있는 기회를 주게 되리라 확신합니다.

## 들어가는 글

나는 지금까지 많은 교회학교를 경험했다. 특별히 오랫동안 교회 교육에 전념하면서 발견한 진리가 있다. 학생이 40명 모인 어린 시절의 시골 교회나, 100명이 모인 전도사 시절의 중형교회나, 1,500명 모인 부목사 시절의 한국교회 역사상 가장 오래되었던 교회나, 3,000명 모이는 지금의 대형교회나 교회학교가 건강하고 자연스럽게 성장하고 부흥하는 원리들은 모두 같다는 사실이다.

분명 각 교회마다 지역 상황도 다르고 시설도 다르고 예산도 다르고 교사의 수와 질도 다르지만 어느 상황, 어느 조건, 누구를 통해서든 적용할 수 있고 적용해서 효과 있는 교회학교 원리가 있다. 그 원리를 알기 전까지 나는 많은 시행착오를 거듭했다. 그러면서 '이렇게 하면 안 된다', '이런 실수를 반복하면 안 된다', '이런 고민과 문제는 이런 식으로 풀어야 한다'는 식으로 지금까지 정리해온 내용이 수첩 30권 분량에 이른다.

요즘 들어 많은 교회들의 교사대학이나 교사 헌신예배를 인도하러 갈 때마다 일선의 교사들에게서 느끼는 분위기는 참담한 패배 의식이다. 교회학교에 다닐 아이들의 자연 출산율이 35퍼센트 이상 감소하여 교회학교는 자연적으로 35퍼센트 감소했고, 예전처럼 교회학교가 아이들에게 주는 매력이 없어져 아이들은 점점 교회를 떠나고 있는 실정이다.

한편 개인의 역량이 뛰어난 인기스타 교역자를 만난 교회학교는 폭발적인 부흥을 이룬다. 하지만 그것도 잠시뿐이다. 그가 떠난 후의 교육현장은 그야말로 폭탄을 맞은 듯이 해체되고 후임 사역자가 아예 적응하지 못하는 악순환이 반복되는 현실을 본다.

이런 현실을 개선하고 건강한 교회학교를 세우려면 어느 사역자라도 적용할 수 있고 어느 현장에서라도 실천할 수 있는 원리를 담은 교회교육 매뉴얼이 절실히 필요하다. 한 명의 천재 사역자가 모든 것을 결정하고 진행하는 것이 아니라 교회학교 자체와 교사들의 체질을 개선하는 장기적인 포석을 두는 동시에 시스템을 강화하여 건강하고 자연스러운 교회 성장을 이끌어내야 하는 것이다. 그렇다고 헌신된 소수의 사역자와 교사가 필요없다는 말은 아니다. 헌신된

이들이 필요하지만 어느 교회학교라도 어느 상황에서나 적용할 수 있는 비전, 핵심가치, 전략 등의 목회철학이 더 중요하다는 말이다. 이러한 목회철학으로 무장한 교회학교라면 그 시스템을 통해 탁월한 사역자도 만들어질 것이다.

교회교육 전임사역을 한 지 어느덧 10년이 다 되어간다. 10년 전 마음속으로 했던 약속이 있다. 교회교육 사역 10년째 되는 해에, 교육 사역자들이 내가 해온 실수들을 반복하지 않도록 돕기 위해 교회교육에 대한 사역 매뉴얼을 쓰겠다는 것이었다.

사실 되돌아보면 잘한 것도 없고 누구처럼 폭발적으로 교회학교의 학생 수를 늘려놓았다는 변변한 자랑거리도 없다. 그렇지만 한 가지 자신하는 것은, 한국 고유의 상황 속에 살면서 교육현장에서 무수히 경험한 실패와 실수를 바탕으로 내공 아닌 내공을 쌓으며 씨름했다는 것, 이론이 아닌 철저히 현장 중심으로 고민하며 나름대로 총체적인 교회교육 시스템을 마련하고자 했다는 것이다.

그러한 열망을 이 책에 담아, 교사들과 예비 교사, 교회교육 담당 목회자들이 나무보다는 숲을 볼 수 있는 방향으로 글을 썼다.

이 책을 읽으면 알겠지만, 교회학교 성장의 키워드는 어떻게 보면 가장 단순한 데 있다. 가장 소중하지만 가장 단순한 그것을 우리가 무시하고 지나쳤을 뿐이다. 교회학교 성장에 관심 있는 목회자들과 교사들을 위해 내가 하고자 하는 일은 그 동안 무시하고 가볍게 지나쳤던 그것들을 제자리로 돌려놓는 일에 지나지 않는다. 그렇기에 교회학교의 성장은 1퍼센트 변화에 달렸다고 말할 수 있는 것이다.

아무쪼록 교회교육 현장에 있는 많은 이들이 이 사역 매뉴얼을 읽고 아낌없는 비판과 조언을 해주기를 바란다. 그래서 또 다른 사역자를 통해 또 하나의 계단을 쌓는 매뉴얼이 나타나기를 소망한다.

· · · · · ·

MP3 플레이어 생산 세계 1위인 한국의 한 중소기업 사장이 한 일간지와의 인터뷰에서 "우리 회사 디지털 MP3 플레이어의 목표는 원음인 자연음을 되살려내는 것"이라고 말하는 것을 보았다. 디지털의 마지막 목표는 아날로그라는 말을 어쩌면 이렇게 멋지게 설명할 수 있을까 감탄했고, 그 사람이야말로 그 분야에서 진정한 프로라는 생각을 했다. 디지털이 이끌어가는 세상 같지만 디지털 세상이 꿈꾸는 마지막 세상은 아날로그 세상임을 은유적으로 말해주는 것 같아 통쾌함마저 느꼈다.

변화를 싫어하거나 세상 돌아가는 속도에 적응 못한 부적응자가 자기 보호본능과 변명에서 선택하는 것이 아날로그가 아니다. 내가 정의하는 아날로그 교회학교란, 놀이나 재미, 행사나 결과, 한 개인의 천재성보다는 관계와 만남의 의미 그리고 과정과 시스템을 통해 문제의 해결책을 찾고자 몸부림치는 교회학교이다. 결과보다는 과정을 중요시 여기고, 현란한 개인기나 기술, 단기 사역보다는 기본기와 관계, 장기 사역과 시스템을 건강하게 하여 누구나 매뉴얼만 보면 현장에 적용하고 실험해볼 수 있는 교회학교를 그려본다.

# 1장
## 하이테크에서 하이터치로

### 영적 틈새 시장

요즘 속칭 뜨는 CF, 드라마, 영화가 되려면 다음의 세 가지 주제 가운데 하나를 담아야 한다는 속설이 있다. 그것은 사랑(정), 재미(엽기), 자연이다. 얼마 전에 본 CF의 한 장면이다. 한 아이가 씨앗을 세 개씩 심고 있는 엄마에게 묻는다. "엄마 왜 씨앗은 세 개씩 심는 거예요." 엄마는 이렇게 대답한다. "하나는 새가 먹기 위해서고 하나는 벌레가 먹기 위해서고 하나는 사람이 먹기 위해서란다." 그리고 기업 이름이 연이어 나온다. 광고에 완전히 문외한인 내가 딱 한 번 보고 외울 정도니 이 광고는 대단히 잘 만든 광고라 할 수 있다. 이 광고는 현대인이 무엇에 목말라하는지 단적으로 암시하고 있다. 극도의 하이테크 세상 속에 살고 있는 현대인들과 우리 아이들이 무엇을 추구하고 목말라하는지 말해주고 있는 것이다. 그들은 따뜻하게 해주고 행복하게 감싸주는 감동과 터치와 만남을 목말라하고 있다.

한번은 교회학교에서 소년부 아이들에게 "편지와 이메일 중 어느 것을 받고 싶은지" 설문 조사를 한 적이 있다. 그런데 예상과는 다르게 아이들의 95퍼센트가 메일보다는 편지를 받고 싶어했다. 왜 편지를 선택했냐고 물었더니 아이들은 주저하지 않고 "편지에 더 정성이 들어 있잖아요, 저, 편지 받아본 지 오래 되었어요"라고 대답했다.

교회학교의 위기는 바쁘게 돌아가는 세상과 아이들이 밤늦게까지 공부해야 하는 학원과 학교 환경의 문제가 아니다. 교회학교 안에 아이들을 신나게 하며 그들에게 매력 있게 다가갈 거리가 더 이상 남아 있지 않다는 게 위기다. 먹을 것은 집에 가면 더 좋은 게 많고, 연애는 어디에서나 자연스럽게 할 수 있는 세상이 되었다. 교회는 공영방송과 인터넷과 게임을 따라잡을 만큼 오락과 재미를 더할 소프트웨어를 가지고 있지 않다.

그러나 세상이 죽었다 깨어나도 줄 수 없는 사랑과 하이터치(고감도)의 만남을 해결해줄 수 있다면 아직까지 교회는 세상과 겨루어 승산이 있다. 그러나 점점 더 바빠지고 개인 일에 열정과 시간을 쓰다보니 아이들을 제대로 돌보고 만날 여유가 없어지는 것이 우리 교사들의 현실이다. 교회학교는 이제 하이터치의 사역과 만남을 여러 가지 선택 사항 중 하나로 여겨서는 안 된다. 오직 하나 남은 외줄을 잡는 심정으로 그것을 꽉 붙들어야 한다.

### 오버러브와 유치러브

하이터치란 첫째, 아이들과의 만남에서 극성을 부리는 것이며 지나치게 반응하는 것이다. 학원이나 학교에서도 얼마든지 경험할 수 있는 평범하고 계산적인 만남이 아니라 교회학교에서만 경험할 수 있는 고감도의 관계가 교사의 '극성'을 통해 전달되어야 한다. 아이들에게 "우리 선생님은 너무 오버해"라는 말을 들을지언정 수단을 가리지 않고 사랑을 표현해야 한다. 결국 아이들이 그 정성과 사랑을 알아줄 날이 올 것이다.

사랑을 하면 사람이 '오버'를 하게 되어 있다. 성경을 보면 하나님을 사랑했던 사람치고 지나치지 않았던 사람은 없다. 예수님이 제자들을 부르실 때 가족과 전 재산을 남겨두고 따랐던 사람들, 믿음으로 순교의 길을 걸었던 사람들, 예수님 때문에 평생 복음을 전하는 자가 되어 궂은 일을 마다하지 않고 죽도록 충성했던 사람들 모두 지나친 삶을 살았던 이들이다. 누구도 그들에게 그렇게 살라고 강요하거나 권하지 않아도 그들은 지나친 삶을 살았다. 그들을 그렇게 만든 것은 바로 하나님의 사랑이었다.

한번은 아예 과도한 극성을 부려보자고 작정하고 각 반 교사들과 담당 학생들을 정해놓고 미리 학부모에게 몰래 전화해 아이들이 학원에서 나오는 시간과 장소를 알아내어 그들을 기습적으로 찾아간 적이 있다. 밤 11시에 지칠 대로 지쳐 축 처진 어깨를 하고 터벅터벅 학원에서 나오는 그들 앞에 '짠~' 하고 나타났다. 그랬더니 아이들은 대부분 엄청나게 감동하는 대신에 의아한 표정으로 이렇게들 물었다. "선생님, 왜 오셨어요?" 우리는 아이들이 이런 질문을 할 줄 알고 미리 대답을 준비해갔다. "보고 싶어서 …." 그런 후 준비한 피자 한 조각을 건네주고 아무 주저함 없이 돌아서서 집에 돌아왔다. 그렇게 하고 집에 돌아오면 아이들은 바로 휴대폰에 문자 메시지를 보내온다. "목사님, 오밤중에 제가 보고 싶어서 왔다는 말이 제 심장에 꽂혔어요. 목사님, 오늘 제일 멋진 거 아세요? 다음 주일 교회에 일찍 갈게요."

이것이 하이터치의 위력이다. 평소와는 전혀 다른 관계와 만남을 가질 필요가 있다. 의외의 장소, 의외의 시간, 의외의 사람에 극성을 더하면 더 말할 필요가 없는 하이터치의 네 박자가 이루어진다.

둘째, 하이터치란 사랑하기 때문에 유치해지는 것이다. 사랑하면 사랑하는 사람 앞에서 창피하고 부끄러운 것이 사라지고 유치해지

예배 중에 하나님의 은혜를 간절히 사모하며 기도하는 청소년들

게 마련이다. 나이 지긋하고 직업 반듯한 교사들이 아이들 앞에만 서면 완전히 애들처럼 변하는 모습을 본다. 수련회나 특별 순서가 되면 점잖은 교사들이 빨간 내복 같은 옷을 입고 나와 연극하고 춤을 춘다. 세상에서 돈 주며 하라고 시켜도 못할 일을 교회에서는 부끄럼 없이 해낸다. 언젠가 아이들은 사회적으로 저명한 분이 그들 앞에서 율동하며 '재롱'을 부리는 이유가 바로 그들을 사랑하기 때문이라는 사실을 알게 될 것이다. 사랑하면 사람이 유치해지고, 유치해져도 전혀 부끄러워하지 않는다. 그럴 때 사랑은 전달된다.

원하는 것과 필요한 것

2년 전에 한 교사가 당혹한 표정으로 나를 찾아왔다. 이 교사는 교사대학 1년 과정을 마친 후 부푼 가슴을 안고 담임교사가 되어 처음으로 첫 소그룹 모임을 인도하러 들어갔다. 그런데 들어가자마자 그 반 아이들이 일제히 "당신의 능력을 보여주세요"라고 외치더란다. 평소 전문직에서 바쁘게 일하던 이 교사는 텔레비전 광고를 볼 기회가 없어 그 말이 무슨 뜻인지 알아듣지 못했다. '아! 우리 아이들이 새로운 마음을 가지고 성경공부를 열심히 하려고 하는구나' 싶어 정해진 시간보다 더 오랫동안 성경공부를 했다는 것이다. 그런데 시간이 갈수록 아이들의 얼굴색이 바뀌면서 분위기가 심상치 않아졌는데, 나중에 알고 보니 그 말이 어느 카드 회사의 광고 카피였다는 것이다. 다시 말해 아이들은 "오늘은 첫날이고 샘도 처음 만났으니 성경공부하지 말고 한번 크게 쏴주세요"라는 뜻이었던 것이다. 그 후로 그 교사는 아이들이 뭘 사주는 것을 제일 원하나보다 생각하여 자주 성경공부를 쉬어가며 밥도 사주고 피자도 사주며 인기 작전으로 나갔다. 그런데 하루는 아이들이 지나가면서 "야! 우리 샘한테는 더 이상 배울 게 없어, 저렇게 땡땡이 잘 치는 교사는 처음이야"라는 말을 우연히 들었다고 한다. 얼마나 충격을 받았는지 더 이상 아이들한테 무시 받으며 교사 노릇은 못하겠다고 울먹이며 내게 상담을 해온 것이다.

아이들에게는 원하는 것과 정말로 필요한 것이 따로 있다. 교회교육이 아이들이 원하는 것만 주려 한다면 정작 그들에게 필요한 진실한 관계와 만남을 갖기가 어려워진다. 진실한 만남을 가지려면 먼저 분명히 그들과 관계를 갖기 위해 같이 놀고 즐기고 농담할 필요가 있다. 그러나 이러한 과정을 통해 그들에게 정말 필요한 것이 무엇인지 알아내지 못한다면 껍데기 만남밖에는 가질 수 없게 된다. 인간은 죄성을 가진 존재여서 한번 자극을 받으면 다음에는 더 센 자극을 원한다. 나중에는 웬만한 자극으로는 감동을 받지 않는 상태가 된다.

처음에는 아이들이 원하는 것을 들어줄 필요가 있다. 잡담도 많이 하고 아이들 수준에 맞추어 같이 놀아주어야 한다. 그래서 아이들과 대화를 트고 관계를 맺어야 한다. 그러나 어느 시점을 지나면서 아이들에게 필요한 것을 공급해주어야 그 만남이 지속되고 의미 있는 하이터치의 만남으로 나아갈 수 있다. 그래야 아이들에게 버림받지 않게 된다. 자극과 행사만으로는 아이들을 끝까지 만족시켜줄 수 없음을 알고 진정한 인격적 관계를 맺어가는 과정으로 그것을 사용해야 한다.

### 편 나누는 교사와 편 들어주는 교사

세상의 모든 교사들은 편 나누는 교사와 편들어주는 교사로 나눌 수 있다. 편 나누는 교사는 항상 '요즘 아이들은 버릇이 없다,' '말이 통하지 않는다'고 말하며 아예 관계를 단절하고 상대가 듣든 듣지 않든 자신이 할 말만 일방적으로 전달하는 교사다.

그러나 편 들어주는 교사는 시시비비를 가리지 않고 아이들의 편에 서는 교사를 말하는데, 사실 이런 교사가 되기가 쉬운 일은 아니다. 어느 날 사람들은 간음한 여인을 예수님 앞에 꿇어 앉혔다. 사람들은 옳고 그름을 가리고 싶어했지만 예수님은 "죄 없는 자는 돌을 들어 치라. … 나도 너를 정죄치 아니하노니 다시는 가서 범죄치 말라" 하시며 철저히 죄인의 편을 들어주셨다. 세리장 삭개오에게도 일체의 평가도 없이 그저 "삭개오야, 이리 내려오너라. 내가 오늘 네 집에 유하여야 하겠다. 이 집에 이스라엘의 구원이 이르렀노라" 말씀하시며 죄인의 친구라는 누명을 쓰면서까지 삭개오의 편을 들어주셨다. 고통과 대가 없이 편을 들어주는 법은 없다. 예수님이 죄인들을 비난하기는커녕 단순한 사실조차 언급하지 않으신 이유를 생각해본다. 비난과 비판에는 사람을 변화시키는 능력이 없음을 잘 알고 계셨기 때문이 아닐까?

아이들 편을 들어주기가 어려워 중립에 선다는 교사들이 있는데, 엄밀히 말해 중립이란 없으며 그는 편 나누는 교사일 뿐이다. 사랑한다는 것은 믿어준다는 것이고, 믿어준다는 것은 편 들어준다는 것이다. 사랑한다고 하면서 믿어주지 않고 편 들어주지 않는 것은 거짓말이다. 우리 아이들은 그런 것을 귀신같이 알아챈다.

요즘 아이들의 영적 상태나 생활 태도가 워낙 좋지 않은 경우가 있어 무조건 아이들의 편을 들어주고 믿어준다는 것이 말처럼 쉽지 않다. 그러나 사랑하면 아이들의 상태와는 상관없이 편을 들어주는 게 가능하다는 것을 알 수 있다. 믿어주는 만큼 아이들에게 기회가 돌아가고, 그 기회를 통해 아이들이 마음을 터놓는 경우를 많이 보았다.

한번은 사역하면서 무조건 아이들 편을 들어주겠다고 작정한 적이 있었다. 길을 가다가 한 소년부 아이가 어른에게 인사도 하지 않고 지나갔다고 어떤 권사님에게 혼나는 모습을 보았다. '너희 부모는 이런 예절도 안 가르치느냐'고, '어떻게 어른을 보면서 인사를 하지 않느냐'고, '교회학교에서 도대체 뭘 배웠느냐'고 권사님은 아이를 다그쳤다. 나는 아예 작정하고 가까이 다가가 처음부터 아이 편을 들고 나섰다. "권사님, 요즘 아이들 버릇이 없죠? 그런데 권사님, 우리가 먼저 인사하면 안 될까요? 예수님은 우리에게 먼저 인사하셨잖아요. 십자가에서 죽으신 것이 우리 앞에서 절하신 것 아닐까요? 예수님도 그러셨는데 권사님, 우리가 먼저 아이들에게 인사해요"라고 말했다. 그리고 정말로 어색한 말투와 손짓으로 아이들에게 "안녕, 잘 지냈어? 좋은 아침이야" 하고 먼저 손을 들어 인사하기 시작했는데 놀라운 일이 일어났다. 인사를 먼저 받은 아이들이 100퍼센트 모두 우리에게 인사를 해온 것이다. 그것도 흔쾌히 하는 것을 보고 마음이 흐뭇해졌다.

여러 교회에 강의를 다니다보면 '수련회에 소주를 싸가지고 오는 아이들이 많다,' '교회 화장실이 무슨 갈멜산 꼭대기도 아닌데 연기가 모락모락 난다'는 교사들의 하소연을 듣는다. 사실 이런 이야기를 듣는 내 마음도 편치 않으며 그런 아이들의 편 들어주기가 쉽지는 않다. 그러나 그들에게 기회를 줄 수 있다면, 그래서 그들의 마음을 열 수 있다면 끝까지 아이들을 믿어줄 참이다.

'우리 교회에는 그런 아이들이 한 명도 없다'고 자랑하는 교회 집사님도 있다. 그럴 때면 나는 오기가 발동해 이렇게 묻는다. "집사님, 그런 아이들을 다 변화시킨 겁니까? 아니면 다 쫓아버린 겁니까?" 그러면 아예 대답을 못하는 모습을 많이 보았다. 좋은 교회란 물이 흐린 아이들도 얼마든지 올 수 있고 그 흐린 아이들이 맑아지는 과정이 뚜렷하게 보이는 곳이고, 그런 교회가 우리 아이들이 이 시대에 만나고 싶어하는 교회가 아니겠는가?

### 편 들어주면 아이를 얻는다

몇 년 전에 'TV는 사랑을 싣고'라는 프로그램을 감동 깊게 보았다. 그때 나온 게스트는 개그맨이었는데, 초등학교 시절에 끼가 넘친 나머지 너무나 떠들어 수업을 방해하고 담임선생님을 꽤나 힘들게 했던 것 같았다. 그래서인지 자신의 초등학교를 찾아가 학적부를 보는 코너에서 자신 없는 표정을 짓고 어깨를 축 늘어뜨렸다. 드디어 학교를 찾아가 학적부 생활기록부 란을 보는 시간이 되었다. 그런데 그 칸에는 '이 아이는 특별히 입 근육이 발달했음'이라는 내용이 적혀 있었다. 그것을 본 순간 그 개그맨의 눈가에는 눈물이 맺혔다. 자신은 죄책감을 가지고 학적부를 보았는데 선생님만은 그를 다르게 보아준 점이, 그리고 그의 편을 들어준 점이 고마워서였을 것이다.

그런데 장난기가 발동한 개그맨이 친구의 학적부까지 보여달라고 했다. 본래 남의 것은 보여주지 않는 게 원칙이지만 선생님이 너무나 특이하게 학생들의 평을 적어놓은지라 그 친구 것도 보여주었다. 그 친구는 남의 물건을 습관적으로 훔치는 아이였는데, 놀라운 것은 생활기록부에 '이 아이는 특별히 남의 물건에 호기심이 많음'이라고 적혀 있었다. 마침내 그 선생님과 만나게 된 개그맨은 선생님을 안고 엉엉 울고 말았다. 그 모습이 너무 부러워 "하나님, 저도 저러한 교사가 되게 해주세요"라고 기도를 했다. 다르게 보아주는 것에는 이러한 위력이 있다. 믿는 만큼 보인다고 했다. 아이들을 믿어주고 그래서 편 들어주면 그들이 전과는 전혀 다르게 보이는 것은 당연한 일이다.

세상에서 제일 큰 비극은 자신을 믿어주는 사람이 하나도 없다는

유치3부 여름성경학교의 야외활동학습 장면

것이다. 더 큰 비극은 믿어달라고 애원하다가 안 되어 혈서를 쓰거나 스스로 목숨을 끊어가며 믿어달라 절규하는 것이다. 사람의 진실을 믿어주는 것, 사람 자체를 믿어주는 것은 그토록 어려운 일이다. 우리 아이들이 교회학교 안에서 이렇게 자신을 전폭적으로 믿어주는 한 사람만 만난다면 절대로 교회를 떠날 수 없을 것이라고 확신한다.

### 아는 것 vs 감동받은 것

사람들이 지식을 습득하는 체계를 보면 듣는 것보다 보는 것이 오래 남고, 보는 것보다 감동받는 것이 더 깊이 각인됨을 쉽게 알 수 있다. 감동받은 것을 지식으로 습득하는 일은 정말로 중요하다. 그래야 그 지식을 삶으로 실천할 힘이 생기기 때문이다. 다시 말해, 배운 것보다 감동받은 것을 실천하기가 훨씬 쉽다는 이야기다.

사실 하나님의 말씀을 전달하는 수단으로 소리와 칠판과 교재만 사용하는 데는 한계가 있다. 특히 나이가 어릴수록 감정이라는 수단을 통해 하나님의 말씀을 전달하려면 오감인 촉각, 시각, 후각, 미각, 청각 모두를 사용해야 한다.

기존에 지식 전달에 사용되었던 감각은 시각과 청각이었다. 그러나 감동을 수반하려면 오감을 모두 익숙하게 사용할 줄 알아야 한다. 우리 교회학교의 유아부, 유치부 교사들은 겨울이 되면 아이들을 기다리면서 손을 열심히 비빈다. 추운 겨울날 밖에서 떨다가 예배실에 들어온 아이들의 손을 꼭 잡아 따듯하게 해주려고 말이다. 너무 열심히 비며 닭똥 냄새가 나기도 하지만, 아이들은 어려서부터 따듯한 선생님의 손을 만지며 '교회는 따듯한 곳'이라는 생각을 품게 된다.

요즘 공영방송을 보면 그 주제가 '재미'에서 '감동'으로 바뀌고 있음을 알 수 있다. 우리나라에 돈 벌러 왔던 외국인 근로자들의 가족을 국내에 초청해 만나게 해주거나, 앞을 보지 못하는 사람들에게 각막을 기증받을 수 있는 기회를 주거나, 가난하고 사연 있는 사람들의 집을 고쳐주는 프로그램 등이 주목을 받았다. 세상도 사람들의 마음을 잡으려고 감동이라는 코드를 선택한다면, 하물며 교회교육도 감동과 느낌으로 지식을 전달하는 체계를 다시 정립해야 하지 않겠는가?

감동에는 눈물과 웃음이라는 요소가 필요하다. 언젠가 대중 연설에 대한 책을 보니 "가르치는 자가 다른 사람을 웃기려면 먼저 웃어서는 안 되지만, 울리려면 먼저 울어야 한다"는 법칙을 설명하고 있었다. 유치한 개그나 동작으로 웃기는 것은 문제 있지만 성경의 모든 사건이나 해석을 재미있고 흥미롭게 새로운 시각으로 바라보는 일은 참 필요한 접근법이다. 개인적으로 나는 사람을 웃기는 것보다 울리는 것이 훨씬 어려움을 실감한다. 그러나 교회학교 사역을 오래 하면 할수록 하나님이 메마른 나에게 눈물의 은사를 주시는 것 같다. 아이들의 영적인 상태와 그들을 죄 짓게 하고 영적으로 무기력해지도록 몰아가는 세상을 생각하면 눈물이 안 나올 수가 없다. 나이가 마흔 살이나 되어 울면 주책 맞아 보일지 모르지만 그 눈물을 통해 아이들이 말씀에 감동하는 모습을 본다. 그런 의미에서 우리는 눈물의 은사를 위해 기도할 필요가 있다.

# 2장
# 율법 패러다임에서 은혜 패러다임으로

몰라서 못 사는가, 힘이 없어 못 사는가?

교사와 목회자로서 교회학교 사역을 할 때 가장 큰 장애물은 무엇인가? 아이들의 출생률이 줄어드는 사회 현상이나 건물과 시설이 열악한 물리적 조건이 아니라 교사와 교육 담당 목회자들이 율법의 틀 안에서 사역한다는 점이다. 예를 들어, 사랑에 대해 가르치고 설교한다고 하자. 우리는 대개 "사랑은 참 아름다운 것"이라는 식으로 가르치는데 이것은 도덕적이며 철학적인 교육이다. 사랑을 설명으로 가르치려는 교육 말이다. 또 "사랑해야 한다"라고 말하며 예수 믿는 사람이 이 정도는 되어야 하나님이 좋아하신다는 책임감과 당위성을 강조한다. 사실은 거룩한 부담을 주는 것이라고 스스로를 위로해 보지만, 이것은 다름 아닌 우리 아이들의 영혼을 병들게 하는 율법적인 교육에 지나지 않는다.

그러면 아이들의 영혼을 살찌우고 건강케 하며 받은 사랑으로 다른 사람을 자연스럽게 사랑하게 하는 교육은 어떻게 이루어지는가? "하나님은 너희들을 사랑하신단다. 우리는 위로부터 받은 그 사랑의 힘으로 다른 사람들을 사랑할 수 있는 거야"라고 가르쳐야 그것이 복음이 된다. 우리 교사들도 자신에게 아이들을 사랑하고 기다릴 능력이 없으며 사랑을 내적으로 스스로 만들어낼 수 없다는 사실을 알아야 한다. 그러한 능력과 사랑은 오직 하늘에서 성령님을 통해 공급받는 것임을 고백해야 은혜의 사역이 시작된다.

대부분의 교사들과 목회자들은 아이들이 성경에 대한 지식이 없어서 말씀대로 살지 못한다고 생각한다. 그래서 어떻게 하면 아이들에게 많은 지식을 전달할까만 고민한다. 그러나 분명히 말하지만 아이들은 말씀을 몰라서 말씀대로 살지 않는 게 아니라 그렇게 살 힘이 없어서 못 사는 것이다. 말씀대로 한번 살아보고 싶은 도전과 감동을 충분히 받지 못해 그렇게 못 사는 것이다.

한번은 설교 시간에 아이들에게 다윗이 물맷돌로 골리앗을 죽인 이야기를 해주었다. "여러분, 다윗은 이새의 아들이요, 목동 출신이었습니다." 이야기가 여기에 이르면 아이들의 머릿속에선 이미 다윗이 골리앗과의 싸움에서 승리하고 골리앗의 머리에 칼을 꽂았다. 아이들의 눈을 보면 이렇게 써 있는 것 같다. "목사님, 제가 교회 다닌지 8년 되었거든요. 그 이야기는 이미 듣고 또 들어 한 번만 더 들으면 100번이에요. 이야기는 잘 아니까 다윗처럼 믿음과 용기를 가질 수 있게 감동과 힘 좀 주세요."

그러면 어떻게 해야 아이들에게 말씀대로 살고 싶은 마음과 감동을 줄 수 있을까? 곰곰이 생각해보니 그 열쇠는 바로 사랑과 은혜였다. 아이들이 말씀과 교사와의 만남에서 은혜와 사랑을 발견한다면 말씀대로 살지 말라고 해도 그대로 살아갈 것이다. 이것이 바로 은혜 패러다임을 따르는 교회교육의 능력이다. 그러므로 은혜 패러다임은, 아이들이 말씀대로 살 힘이 없다는 문제 의식 속에서, 교사와 목회자가 아이들에게 말씀대로 살 수 있는 충분한 힘을 주기 위해 고민하는 개념 체계라고 할 수 있다. 이런 체계 속에서 고민하면 할수록 감동과 사랑과 은혜라는 단어가 떠오를 수밖에 없다. 이 외에 다른 대안은 전혀 없기 때문이다. 그리고 감동과 사랑과 은혜는 전적으로 위에서 아래로 공급되는 것이기에 교사들과 목회자들은 무릎 꿇고 기도할 수밖에 없다.

### 같은 본문, 전혀 다른 해석

같은 본문에 대해서도 율법의 관점과 은혜의 관점으로 가르치는 일은 각각 그 접근 방법과 결과 또한 다르게 나타난다. 예를 들어, 마태복음 18장에서 베드로는 예수님을 찾아와 원수를 일곱 번 용서하면 되겠느냐고 묻는다. 이때 예수님이 "일곱 번뿐 아니라 일흔 번씩 일곱 번이라도 용서하라"고 말씀하신다. 율법적인 관점에서 보면 "주님이 용서하라고 하셨으니 우리가 모든 사람들을 일흔 번씩 일곱 번 용서해보자"는 식의 행위를 강조하게 된다. 그러나 실제로 이 말씀을 그대로 실천할 수 있는 사람은 없다. 같은 사람과 같은 사건에 대해 490번 용서하기란 불가능하며 중간에 지쳐버리고 말 것이다.

그러나 이 말씀을 은혜의 관점에서 잘 살펴보자. 본문은 예수님이 베드로에게 490번을 용서하라고 강조한 게 아니라 예수님이 그를 그토록 용서하셨음을 강조한다. 예수님이 그를 그렇게 용서하고 사랑했으니 이미 받은 용서와 사랑에 감사한다면 그 힘으로 다른 사람을 490번 용서하는 일도 가능하지 않겠느냐는 말이다. 다른 사람을 용서하기 전에 하나님께 얼마나 많은 용서와 사랑을 받았는지 아는 게 중요하다. 그래서 주님은 항상 "내가 너를 사랑함같이" "내가 너에게 인자함같이"라고 먼저 우리에게 말씀하신 후에야 비로소 너도 남을 사랑하라, 인자하라고 요청하신다. 용서할 힘과 능력을 주신 후에 사랑과 인자함을 요구하신다.

다시 말해, 성경을 해석할 때마다 "내가 하나님을 위해 무엇을 해야 하는가?"의 관점으로 볼 것인가 아니면 "하나님이 나를 위해 무

### 나는 은혜 패러다임으로 말씀을 가르치고 있는가?
*(설교나 공과 준비를 한 때마다 아래 문항에 답해보라)*

- 적용의 예를 들 때 부정적인 것보다 긍정적인 예를 들고 있는가?
- 책망보다는 위로하는 내용을 담고 있는가?
- 예수님의 삶보다 십자가와 죽음에 더 관심이 있는가?
- 믿으라는 말만 하지 않고 믿고 싶은 동기와 감동을 주고 있는가?
- 오늘 본문에는 하나님의 어떤 사랑과 은혜가 담겨 있는가?
- '~하라, 하지 마라'는 관점인가, 아니면 '하나님은 어떤 분이고 나를 위해 어떤 일을 하셨는가' 하는 관점인가?
- 율법조차 은혜로 잘 해석하고 있는가?
- 강요하고 있는가, 아니면 설득력 있게 끌어들이는가?
- 윤리적인 가르침을 줄 때 방법만 제시하는 데서 그치지 않고, 은혜로 그것을 행할 힘도 주고 있는가?
- 본문을 해석하는 접근 방식에 무릎을 치게 할 만한 능력이 있는가?
- 마음을 두드리는 점이 있는가?
- 내가 먼저 말씀에 감동받는가?
- 이 말씀대로 하면 된다는 확신이 있는가?

엇을 하셨는가?"의 관점으로 볼 것인가를 결정해야 한다. 그에 따라 같은 본문을 전혀 다르게 해석할 수 있기 때문이다. 하나님이 우리를 위해 무엇을 하셨는가보다는 우리가 하나님을 위해 무엇을 했고, 해야 하는가에 초점을 맞추는 것은 인본주의 가르침의 대표적인 특징이다. 그러므로 내가 하나님을 위해 무언가를 해야 한다는 행함(Doing)의 관점이 아니라, 내가 하나님 앞에서 얼마나 존귀한 존재인가라는 존재(Being)의 관점으로 성경을 보아야 한다.

하나님이 보고 계시다?

어느 교회학교에 갔다가 '떠든 반, 잘한 반'이라는 도표를 그려놓고 빨간 스티커를 탑을 쌓듯이 붙여놓은 것을 본 적이 있었다. 그것을 보면서 아이들이 우리 하나님은 엄숙한 예배만 좋아하시고 우리가 일한 만큼만 정확하게 상을 주시는 분이라 생각할까봐 걱정이 들었다. 어느 한 권사님은 엄숙하고 점잖은 예배를 지키겠다는 위대한 사명감을 갖고 계셨다. 권사님은 예배 시간 내내 조용히 하라는 의미로 입에 손을 갖다 대고 눈은 부릅뜬 채 아이들 사이를 다니셨다. 정말 하나님은 조용한 예배만 원하실까? 아이들에게는 조용히 하라고 하면서 정작 교사는 예배 시간 내내 돌아다니는 코미디 같은 장면을 보시며 뭐라 하실까?

사실 그 나이의 아이들은 떠들어야 정상이고 에너지가 넘쳐서 가만히 앉아 있는 일 자체가 고통스럽다. 오히려 어떤 아이가 매일 앉아만 있고 입을 다물고만 있다면 치료를 받아야 한다. 이 시기는 모든 에너지가 입과 팔 다리에 몰려 있어 수다로 풀어야 하고 팔 다리를 움직여줘야 한다. 게다가 하나님은 아이들이 떠든다고 해서 예배

 예배 시간에 지나치게 떠드는 아이들 어떻게 할까?

첫째, 아이들이 떠드는 것을 즐겨라. 설교 시간에 떠드는 시간을 따로 주는 것도 좋다. 아니면 교사들이 먼저 떠들어보자. 떠드는 것 자체에 거부감을 갖지 말라.

둘째, 아이들에게 딴 생각이나 잡념을 가질 여유 시간을 주지 말라. 사회자가 "김 아무개 선생님이 대표 기도하겠습니다"라는 말을 하고 20초가 지나도록 기도가 시작되지 않을 때가 있다. 궁금해서라도 눈을 뜨고 떠들게 되는 최악의 구조를 제공하는 셈이다. 철저하게 기획하여 예배를 짜임새 있게 하는 것은 회중에 대한 배려다.

셋째, 백화점의 마케팅 전략에서 한 수 배우라. 백화점이나 대형 마트에 가보면 실내 음악, 조명, 제품 진열 방식 등 드러나지 않는 부분에서 고객들을 세심하게 배려한 흔적들을 발견할 수 있다. 짜임새 있는 예배 순서를 기획하는 데서 더 나아가 아이들이 예배에 집중하고, 하나님의 임재를 경험할 수 있는 방법들을 치열하게 연구하라.

\* 이 모든 방법을 써본 후, 강압적인 방법으로 아이들을 자제시켜도 늦지 않다.

받는 데 지장을 받는 분도 아니시다. 그런데도 교사들이 힘들다는 이유로 하나님을 핑계 삼아 아이들을 조용히 시킨다. 그야말로 비겁하고 치사한 일이다. 차라리 솔직하게 "너희가 떠들면 내가 예배드리고 가르치기가 힘들다"고 말하는 게 훨씬 교육적이다. 오히려 움직이고 춤추며 소리 지르면서 하나님을 찬양하고 예배하게 해야 한다. 말씀을 전할 때도 아이들이 자연스럽게 고래고래 소리 지르며 반응할 수 있도록 이끌어 역동적인 어린이 예배가 되게 해야 한다.

### 은혜, 안경인가? 율법 안경인가?

율법의 틀 안에서 아이들을 보면, 예배 시간에 떠들고 조는 아이들은 나를 무시하는 존재로 보일 뿐이었다. 솔직히 말해 한때는 설교 시간에 조는 아이들이 있으면 소리치고 화를 내며 옆에 있는 아이더러 깨우라고도 했다. 나의 전달 능력 미숙과 아이들의 생활 상태는 깨닫지 못한 채 말이다. 아마 친구를 깨우던 아이는 마음속으로 이렇게 생각했을 것이다. "재우긴 자기가 재워놓고 왜 나보고 깨우라고 한담." 지금 생각해도 얼굴이 화끈 달아오른다.

그러나 은혜의 안경을 쓰고 아이들을 바라보니 예배 시간에 떠들고 조는 아이들이 오히려 예뻐 보인다. 조금만 달리 생각해보면, 예배 시간에 떠드는 그들은 상당히 정직한 아이들이다. 오늘 이 예배가 나와 전혀 상관도, 의미도 없다는 것을 몸으로 말해주는 아이들이다. 오늘 설교와 자신의 상황이 전혀 맞지 않는다는 것을 떠드는 것으로 말해주는 아이들이다. 예배 시간에 아예 자는 아이들은 더 솔직하다. "선생님, 어젯밤 제 삶이 완전히 망가졌거든요"라고 몸으로 말하는 아이들이기 때문이다. 영적인 상태를 너무나 명확하게 드러내고 있기에 영적인 진단과 처방을 하기에 문제가 없다.

손을 모으고 하나님의 은혜를 사모하며 기도하는 소년부 학생

정말로 사역하기 힘든 아이들은 따로 있다. 은혜는 전혀 받지 않으면서도 설교 시간에 서비스하듯이 웃어주고 고개를 끄덕여주는 능글맞은 아이들이다. 얼마나 은폐와 엄폐를 잘하는지 그 속을 들여다볼 수 없고 영적인 상태도 알 수 없기에 처방을 어떻게 해야 할지 모르겠다. 이제는 이런 아이들과 관계 맺기가 정말이지 힘들다.

지금은 예배 시간에 조는 아이들, 떠드는 아이들, 눈을 마주치지 않는 아이들이 있으면 예배 후 찾아가 고맙다고, 네 덕분에 나를 알게 되었다고 말한다. 그리고 몸으로 너의 영적인 상태와 실존을 표현해줘서 고맙다고 말하면, 그들은 곧 내 편으로 온다. 옷이나 외모가 요란한 아이들이 은혜 받지 못할 것이라는 편견을 버려야 한다.

오히려 그런 아이들이 순진하고 정직한 경우가 많다. 예배 시간이나 수련회 때 더 은혜 받고 회개하는 모습도 많다.

 율법적인 관점을 벗어나 은혜의 관점을 갖기까지 목사가 되고 나서도 5년이 더 걸렸고 지금도 변화하고 있다. 이것은 은혜의 관점으로 사역을 바꾸기가 얼마나 어려운지를 단적으로 보여준다. 이제는 아이들이 방자해질 때까지 은혜의 관점에서 설교하고 가르쳐보는 게 나의 꿈이다. 한 가지 확신하는 것은, 아무리 은혜를 가르친다 해도 아이들이 방탕해지거나 마음 놓고 죄를 짓지 않는다는 것이다. 아이들에게 항상 외치는 말이 있다. "하나님을 사랑하라. 그리고 네 마음대로 하라." 아이들이 하나님을 사랑하고 그분의 사랑을 받으며 살고 있다는 것을 확신한다면 무슨 일을 하든 결코 죄 짓는 일은 없으리라 자신한다. 아이들 안에 이미 성령님이 계시기 때문에 과도한 은혜를 핑계로 마음 놓고 죄를 지을 수는 없다. 오히려 내면에 계신 성령님이 죄 짓는 것을 싫어하고 어색하도록 만드시리라 믿는다.

### 진단과 치료

 개인적으로 보면 교사들에게는 공통의 뛰어난 은사가 하나 있다. 바로 지적의 은사다. 남의 잘못을 귀신같이 발견하고 지적하며 반성을 촉구하는 비판의 은사 말이다. 그러나 지적과 비판의 은사가 가진 약점이 있는데, 그것들은 진단만 할 뿐 치료 기능과 능력이 없다는 것이다. 지적과 비판의 은사는 비난으로 변질될 가능성이 높다. 대안과 책임지는 사랑 없이 단지 끌어내리려고 던지는 비난 말이다. 비판은 자주하다보면 중독되기 쉬우며 또 다른 비판을 낳을 위험이 있다.

바른 말하는 것이 은사라고 말하며 '입 바른 소리 하기'를 소명으로 여기는 교사들이 있다. 또 꼭 이런 말을 앞에 붙인다. "나는 뒤끝은 없어." 째는 일만 하고 꿰매는 일은 관심도 없고 아는 바도 없다고 말하는 것 같아 무책임하게 들린다.

그러나 예수님은 진단과 치료를 잘 병행하셨다. 예수님을 찾아온 간음한 여인, 세리, 죄인들에게 보여주신 예수님의 태도를 보면, 이미 바리새인과 서기관들에게 정확히 진단받고 온 그들을 예수님은 아예 치료부터 하신다.

세상은 온통 치료보다 진단을 하려고 든다. 세상은 본래부터 진단에는 아주 능숙하다. 왜냐하면 진단은 사랑과 책임지는 마음 없이 사실만 말하면 되지만, 치료는 책임지고 오랜 시간 동안 자신이 감당해야 하기 때문이다. 이러한 상황에서 교회학교조차 진단 기능에만 매달린다면 아이들은 더 이상 갈 곳도 없고 진단에 지쳐버리는 현상이 일어날 것이다. 비판 중에서도 공동체를 살리고 건강하게 만들어주는 비판은 바로 자신을 비판하는 자아비판이다. 이 외의 모든 진단은 사람을 낙담하게 하고 지치게 할 뿐이다. 그러므로 교회학교

 성경학교, 수련회 평가 이렇게 해보자!

성경학교나 수련회를 하고 나면 모든 교회학교들이 으레 평가회를 하지만, 열심히 일한 교사들이 그 시간에 도리어 낙담하거나 시험에 드는 경우를 많이 보았다. 그 시간에 하는 평가들이 사실을 말하고 비판하며 진단하는 기능만 있고 은혜와 사랑으로 치료하는 기능은 없기 때문이다. 그러므로 결자해지(結者解之)의 의미에서 프로그램을 만들고 진행했던 사람들에게만 진단의 기회를 주고, 그 외 사람들은 평가할 내용이 있으면 서면으로 제출하고 그것을 참고하는 데서 끝내는 게 좋다.

가 은혜 패러다임으로 전환한다는 것은 치료 기능에 집중한다는 뜻이다.

'무조건'과 '그때그때 달라요'

누가 내게 은혜가 무엇이냐고 물으면 단편적이지만 "은혜란 예외가 있음을 인정하는 것"이라고 답할 것이다. 성경은 이미 죄의 삯은 사망이라고 했다. 그런데 여기에 예외규정이 없다면 우리는 이미 충분히 죄를 지었고 지금도 짓고 있으며 죽을 때까지 지을 것이기에 구원받을 길은 전혀 없다. 하나님이 우리에게만 예외 규정을 두셨음을 아는 게 은혜다.

율법 패러다임의 대표적인 특징은 획일성이다. 율법은 '무조건'

이라고 외친다. 모든 사역과 사람을 같은 잣대로 평가하고 조절하려는 자세다. 어떤 공동체나 사람이 획일성을 명령하거나 원하는 이유는 무엇인가? 첫째, 이기심 때문이다. 자신의 편리를 위해 다른 사람들을 자신의 기준에 맞추려는 태도를 말한다. 둘째, 다른 사

예배 찬양 때 손을 내밀어 서로를 축복하는 청소년

람과 자신을 비교하며 우월함을 자랑하려 하기 때문이다. 기준이 있어야 비교가 가능하기 때문에, 율법을 기준삼아 자신이 남보다 낫다는 점을 드러내려는 것이다.

그러나 은혜 패러다임의 특징은 다양성과 각각의 개별성을 인정한다. 한마디로 말해 "그때그때 달라요"이다. 그러므로 자신의 틀에 남을 맞추려 하지 않고 어떤 기준으로 자신과 남을 비교하려 하지도 않는다. 그렇다고 모든 일에 원리와 원칙을 무시하며 아무 계획 없이 즉흥적으로 하라는 것은 아니다. 적어도 사람들을 대할 때는 관

 은혜 패러다임으로 사고하면 쓰는 말이 달라진다!

| 율법 패러다임 | 은혜 패러다임 |
| --- | --- |
| 디지털 속성 | 아날로그 속성 |
| 이성적인 언어 | 감성적인 언어 |
| 논리적인 언어 | 비논리적인 언어 |
| 추궁, 질책, 비난의 언어 | 이해, 공감의 언어 |
| "안식일에 그런 일을…" | "얼마나 배가 고팠으면…" |
| "교사가 수업을 빠뜨리다니…" | "얼마나 바빴으면…" |

용과 덕과 은혜의 관점을 가져야 한다는 의미다.

'다르다'와 '틀리다'를 명확히 구분해야 한다. 사실 사람들이 나와 다를 뿐이지 틀린 게 아닌 경우가 많다. 이를테면 아이들은 락이나 랩 가스펠을 부르면서 하나님의 임재와 은혜를 경험할 수 있다. 건강하고 심장박동수가 빠른 젊은이들이 빠른 리듬을 좋아하는 일은 당연하다. 반면 노인들은 몸이 점점 약해져 심장박동수가 느려지다 보니 느린 곡을 좋아하고 느린 곡이 나와야 은혜를 받는다. 노래 박자의 선호도는 개개인의 심장박동수에 따라 서로 다를 뿐이지 누가 옳고 그르다고 판단할 수 없다.

예수님도 초기에는 제자들의 미숙함을 보시고 매사에 꼬치꼬치 일을 지시하고 지도하는 리더십을 발휘하셨다. 처음부터 제자들에게 일을 위임하지 않으셨다. 초기에 70명의 제자들을 파송하는 장면을 보면 전대를 매지 말라, 복음을 받아들이지 않는 사람은 이러저러하게 대하라는 등 자세한 지시 사항들이 나온다. 그러나 제자들이 훈련을 받고 점차 성숙해지면서 예수님의 리더십도 지시하는 스타일에서 맡기는 위임형으로 전환한다. 나중에는 모든 일을 완전히 위임하고 아예 승천을 하신다. 예수님조차도 제자들의 성숙도에 따라 '그때그때 달라요 리더십'을 보이셨다. 이를 상황 대응형 리더십이라 한다.

율법적인 획일성에서 벗어나려면 은사론을 재정립하는 일이 좋다. 서로 다른 점이 오히려 공동체를 건강하게 만들고, 다른 사람들의 다름이 나의 사역을 돕는다는 점을 인정하고 감사하는 게 중요하다. 그렇다고 개별성과 다양성 그 자체가 목적은 아니다. 무엇을 위한 개별성, 무엇을 위한 다양성이냐는 질문에 명확하게 답을 해야 한다. 성경 말씀처럼 지체의 다양성이 그리스도의 몸을 세우고 성도를 온전케 하며 봉사하는 목적이 있듯이 다양성의 목적도 명확하게 세워야 한다.

### 미래 교육과 과거 교육

교회교육을 하다보면 주로 비전, 꿈, 전략, 도전과 같은 주제들을 다루게 된다. 그런데 이러한 단어들은 모두 미래를 향한다. 이렇게 미래를 바라보는 눈으로 교회학교를 도전적으로 이끌어가다 보면 목적 지향적이며 속도와 체계성을 지닌 교육 체계를 만들게 된다. 그러나 우리가 가는 미래는 불확실한 세계며 항상 많은 위기와 도전들이 도사리고 있다. 장기적인 비전을 제시하고 변화하는 일이 당연한 과제라며 교회학교의 갱신과 개혁을 외치지만 그것을 이루어낼 힘이 어디서 오는지 교사와 목회자들이 모르는 경우가 많다.

이스라엘 백성들은 40년 광야 생활을 마치고 요단강을 건너 길갈에 진치고 여리고성 전투를 앞에 두고 있었다. 그들에게는 가나안에 들어가야 한다는 당위성과 하나님이 그곳을 이미 그들에게 주셨다는 믿음이 있었다. 그러나 여리고성과 전쟁을 치를 용기는 없었다. 아직 청동기 문명을 누리던 이스라엘 백성들에 비해 가나안의 일곱 족속은 이미 철기 문명을 누리고 있기 때문이었다. 그리고 이스라엘 백성은 이미 40년 광야 생활로 지칠 대로 지친 상태였다. 바로 이때 하나님은 여호수아를 통해 과거를 회상하라는 말씀을 주셨다. 그리고 과거에 하나님이 이스라엘을 어떻게 인도하셨는지 하나하나 알려주셨다. 또 요단강에 열두 돌을 세우고 하나님이 과거에 주신 은혜를 기념하고 기억하라는 교육법을 제시하셨다.

현재를 보면 만족이 없고, 미래를 보면 불확실하지만, 과거를 보면 은혜가 보인다. 과거와 흘러간 역사를 돌아보면 하나님이 어떻게 위기를 넘기게 하셨는지 그분의 손길과 흔적을 볼 수 있다. 그러한 의미에서 건강하고 진취적이며 도전적인 미래를 향해 가는 교회교육이 되려면 우리의 과거를 가르치고 역사의 교훈을 알려주어야 한다. 과거 교육과 역사 교육의 주제가 다름 아닌 은혜이기 때문이다.

과거를 무시하고 기성세대를 존경할 줄 모르는 어린이와 신세대는 '하고 싶은 것은 많아도 하고 싶어하는 일'은 없다. 존경하는 어른들이 없으니 어른이 되고 싶어하지 않는다. 또 어른이 되고 싶지 않으니 미래가 두려울 뿐이다. 꿈이 없으니 세상에 나가기도 싫어 둥지에 틀어박혀 있다. 이러한 현실과 미래에 대한 두려움은 과거를 존경할 때 극복할 수 있다.

해 아래 새 것이 없기에 과거는 반복된다. 완전히 새로운 일이고 새로운 패러다임이라고 자처하는 것들도 보면 이미 존재하고 있던 학문과 사상과 철학의 연장선일 뿐이다.

그리고 과거는 교훈을 남긴다. 과거의 교육은 매뉴얼과 같아 후손들이 나와 같은 실수를 반복하지 않기를 바라는 선조들의 배려가 배어 있다.

그러므로 교회교육은 교회와 민족과 신앙의 역사를 소중히 여겨야 한다. 비록 어린 아이라도 자신의 민족과 조상의 과거를 회상하며 하나님의 은혜를 발견하고 감사할 수 있도록 교육한다면, 그 아이들은 역사 속에 함께하셨던 하나님의 은혜를 확신하게 되고 불확실한 미래를 향해 담대하게 나아가게 될 것이다.

소위 과거 교육을 한다고 해서 뒤만 돌아보고 과거에 매인 교육을 하라는 이야기는 아니다. 과거는 청산해야 할 대상이 아니라 회상함으로써 보물찾기를 하듯 하나님의 은혜와 사랑을 발견하는 장임을 말하는 것이다. 불확실한 미래로 나아갈 힘과 미래의 위험을 이겨낼 능력은 과거에 믿음의 선조들과 함께하셨던 하나님을 회상하고 기억할 때 생겼음을 잊지 말자. 과거를 회상하며 새로운 도전을 할 때마다 하나님이 우리와 함께하셨고 앞으로도 영원히 함께하실 것을 믿고 담대하게 나아가는 교회교육이 되어야 한다.

# 3장
# 지식 전달 관계에서 인격의 만남으로

**인격적 만남으로 시작하자**

아날로그 관계의 특징은, 가르치는 이의 관점이 아니라 배우는 이의 관점을 갖는 데 있다. 교사가 배우는 이의 관점을 가지려면 인내와 좋은 인품을 갖춰야 한다. 지금까지 교회학교 교육은 교사가 어떤 교재와 교수방법으로 가르쳐야 효과적인가만 고민해왔다. 이것은 전적으로 가르치는 이의 관점으로 교육이 진행되었다는 증거다. 교회교육을 지식만 전달하는 체계로 인식했기 때문이다. 그렇기에 이제는 패러다임을 전환해 "아이들은 어떤 식으로 지식을 습득하는가?" "어떤 교사들을 좋아하는가?" "아이들은 어떤 일에 감동을 받는가?" "아이들은 어떻게 해주면 더 잘 배우는가?" 등에 대해 생각해봐야 한다. 이렇게 배우는 이 중심으로 관점을 전환하는 일은 오로지 인격적인 만남이 전제되어야 가능하다.

아이들이 성경을 가장 좋아하는 것이 되게 하려면 어떻게 해야 할까? 교사들은 이 질문에 쉽게 답하지 못했다. 한편 아이들에게 영어를 좋아하게 만드는 비결을 물었다. 그랬더니 영어 선생님을 사랑하는 것이라고 재치 있게 대답했다. 아이들은 알고 있지만, 교사들은 모르고 있다. 아이들이 성경을 좋아하게 만들려면 성경을 가르치는 교사를 사랑하게 만들어야 한다. 이를 위해 교사와 아이들 사이에 인격적인 교류가 필요하다.

아이들에게 어떤 교회학교 교사가 제일 좋으냐고 물었다. '나를 위해 기도하는 선생님' '나의 말을 들어주는 선생님' 순이었다. '잘 가르치는 선생님'은 한참 뒤의 순위에 있었다. 아이들은 교사들이 자신들과 인격적인 만남을 가지려면 자신들에게 먼저 관심을 갖고 자신들이 하는 말을 잘 들어주어야 한다고 응답했다.

사실 어떠한 대상과 관계를 맺을 때 제일 어려운 것이 지속적인 관심과 경청이다. 그러나 그런 일들은 사랑하고 좋아하는 관계가 형성되면 쉽게 이루어진다. 교사가 그들의 말을 경청해주며 한번 좋은 관계를 맺어 보라. 아이들은 자신들을 사랑하고 좋아하는 선생님의

초등2부 예배에서 드라마를 공연하는 교사들

말씀이라면 무슨 말이든 듣는다. 아이들에 대한 관심과 배려로 일단 인격적인 신뢰 관계가 형성되면 그 다음에는 상상치 못할 놀라운 일들이 일어난다.

인내에 관한 한 나이 많은 교사들이 훨씬 유리하다. 젊은 교사들은 재미에는 강하지만 관심과 사랑의 지속성에는 약한 경우가 많다. 그러나 나이 많은 교사들은 재미에는 약한 대신 관계에는 강하다.

나이 많은 교사들이 지닌 독특한 두 가지 은사가 있다. 하나는 '꾸준함의 은사'요 다른 하나는 '쏘는 은사'다. 사실 관계에 강하려면 꾸준함의 은사, 쏘는 은사가 동시에 있어야 한다. 나이 많은 교사들은 갈 데는 많은데 불러주는 곳은 없어서 항상 있어야 하는 자리에는 꼭 있다. 결석하는 법도 없고, 아파도 나오며, 아파서 결석하면 아예 자리가 없어질까봐 아픈 몸을 끌고 나와 앓는다. 그야말로 양육을 위한 최고의 은사인 자리지킴과 끈질김의 은사다.

그리고 나이 많은 교사들은 물질적으로 풍요한 편이라 잘 사주고 먹이는 '쏘는 은사'가 있어 위력을 보여준다. 그래서 나이 많은 교사가 양육에 유리한 경우를 자주 본다. 간혹 어떤 이들은 나이 많은 교사들이 먹을 것으로 때운다고 말하기도 한다. 하지만 마음이 없으면 안 되는 게 '쏘는 은사'다. 돈이 있다고 다 '쏘는 은사'를 갖는 게 아니다. 마음이 있어야 한다. 아이들을 향한 진심어린 관심과 사랑이 있어야 가능하다는 말이다.

### 샘이 안 돼 보여요

절기가 돌아오면 우리 교회에서는 특별 예배를 드리는데, 우리는 되도록 나이 많은 교사들에게 드라마를 시킨다. 나이 많은 교사들은 기억력이 쇠퇴해 대본을 외우기 어려워 한다. 그래서 쓰러지지 않아도 되는 부분에서 쓰러져 그 자리에 미리 붙여놓은 대사를 보는데, 아이들은 그 모습에 웃느라고 난리가 난다. 사실 연기가 유치하고 어설프며 극 전개도 엉성하지만 아이들은 이 드라마를 보면서 은혜를 받는다. "목사님, 우리 샘이 안 돼 보여요. 그래서 우리가 은혜 받기로 작정했어요"라고 은혜 받는 이유를 말한다.

초등2부 스승의 날 예배에서 축복송을 부르는 교사들

　나는 그 이야기를 들으면서 성령의 두루마기는 목회자와 교사만 입는 게 아니라 아이들도 스스로 은혜 받기로 작정하고 입는다는 것을 알았다. 그리고 그렇게 은혜 받기로 작정하는 예배가 얼마나 역동적인 예배가 되는지 보았다.

　아이들은 아버지뻘 되는 교사들이 딱 달라붙는 어린이용 타이즈를 입고 그들 앞에서 드라마를 하는 이유를 잘 안다. 그들을 사랑할 뿐 아니라 그 사랑을 표현하고 싶어한다는 점을 말이다. 그럴 때 그들은 교사들이 몸으로 전달하는 말씀, 입으로 전하는 말씀을 아무 저항 없이, 아니 기꺼이 자원해 받아먹는다. 인격적인 만남이 이루어지고 나면 아이들은 스스로 말씀을 받아들인다.

나이 많은 교사들의 처절한 몸부림을 보면서 안타까울 때도 많다. 나이 지긋한 부장 장로님이 아이들과 친해보겠다고 그들이 쓰는 말을 연구하여 "~이거든"이라는 어미를 말끝마다 붙여 보았다고 한다. 어느 날 부장 장로님이 "오늘 주일이거든 … 나 부장 맞거든 …"이라고 하자, 젊은 교사가 대뜸 "나도 알거든 …"이라고 대답해 주변 사람들이 자지러지도록 웃었다는 이야기를 들었다. 사랑하다 망가질지라도 사랑을 표현하며 다가선다면 아이들은 마음을 열어놓고 세상에서 경험하지 못한 귀한 관계를 경험하게 될 것이다.

# 4장
# 결과 중심 교육에서 과정 중심 교육으로

**느려도 바르게 가자**

디지털 세상에서 가장 중요한 가치는 변화와 속도다. 기업도 환경과 소비자의 변화를 읽고 따라가지 못하면, 아니 앞서지 못하면 철저히 도태되는 게 현실이다. 그러다보니 교회학교도 자칫하면 기업의 생존 논리대로 살아남기 위해 아이들의 환경 변화와 구미를 맞추기에 급급해 교회학교의 본질과 목적을 상실할 수도 있다. 이를테면, 아이들의 출석수가 준다고 해서 수단과 방법을 가리지 않고 아이들을 끌어 모은다든지, 효과적인 학습 방법이라고 하면 그 저변의 교육철학과 배경은 검토하지도 않고 무조건 갖다 쓰는 현실 말이다.

아날로그 교회학교에서는 속도보다 방향이 더 중요하다. 방향을 잡지 못한 채 길을 벗어난 자동차는 속도가 빠르면 빠를수록 위험해진다. 방향성은 교회학교의 존망을 좌우할 정도로 중요하다.

오히려 세상에서의 속도전에 지쳐 교회를 찾아온 아이들에게 방향의 중요성을 가르쳐주어야 한다. 느리더라도 바르게 가야 한다고 가르치는 게 교회교육의 정신이다. 돈을 많이 벌고 무조건 출세하는 모델을 제시하지 않고 돈을 바르게 버는 모델을 가르쳐주어야 한다. 방향의 중요성을 일깨우기 위해 바른 방법으로도 얼마든지 돈을 벌 수 있다는 믿음을 심어주며 그렇게 산 선배들을 보여주어야 한다.

돈을 벌고 출세를 하는 이유도 성경적으로 가르쳐주어야 한다. 가난하거나 출세를 못해도 어떤 자세로 살아야 하는지, 인생에서 만날 수 있는 모든 상황을 고려해 교육을 해야 한다. 세상이 '속도와 양'에 근거한 소유 가치를 가르친다면, 교회학교는 '방향과 질'에 근거한 존재 가치를 가르쳐야 한다.

속도와 효율만 생각한다면 잘생기고 공부 잘하고 부요한 사람만이 하나님의 복을 받은 사람이라는 위험한 가치관을 가르칠 수 있다. 그러나 교회학교는 오히려 강자가 약자를 섬기기 위해 존재하고 이때 겸손함으로 섬겨야 함을 가르쳐야 한다. 또 도움을 받은 약자는 자신을 섬겨준 강자를 축복하되 도움을 받을 때 비굴하지 말 것을 가르쳐야 한다.

 새로 부임했을 때, 이런 함정에 빠지지 말자!

① 나만의 장점을 살리지 못하고 전임 사역자와 비교하는 함정. 하나님이 어떤 사역자를 부르실 때에는 그에게 주신 소명과 은사가 있다. 세상도 자신의 단점을 보완하기보다 장점을 극대화하는 데 시간을 사용하라는 성경의 '집중성의 원리'를 알고 있다. 자신의 장점과 은사를 극대화시켜 혹 전임자의 취약점으로 인해 생긴 공동체의 약한 부분을 섬기는 데 주력하라.

② 단시간 내에 업적을 내려고 초조해하는 함정. 드러나는 업적과 결과물로 자신의 가치를 쉽게 높이려는 욕심이 이런 함정에 빠지게 한다. 때로 가장 생산적인 활동은 아무 일도 하지 않는 것일 수 있다. 일상 업무에 너무 매달리다보면 일의 원리를 놓치게 되고, 원리를 모르면 일관성이 없어지기에 초조함은 더욱 커지게 마련이다. 이럴 때는 오히려 속도를 늦추는 편이 훨씬 유리할 수 있다. 속도를 교회교육의 가치로 삼을 때, 얻는 것보다 잃는 게 많다!

그리고 예수님을 잘 믿어도 아픔, 가난, 고난 그리고 핍박이 있을 수 있음을 가르쳐주어야 한다. 빨리 갈 수 있다 해도 옳은 길이 아니면 차라리 돌아가는 길을 선택하라고 가르쳐야 한다.

느려도 방향이 올바르다면 올바른 목적지에 도달할 수 있다는 믿음이 교회학교에 필요하다. 속도와 효율에 지쳐버린 아이들에게 하나님 앞에서 그들이 천하보다 귀하게 사랑받는 존재임을 가르치라. 그러면 비록 시간은 오래 걸릴지라도 바른 교회교육이 될 것이다.

사물, 결과와 배경, 맥락

아날로그 교회학교에서 결과보다 더 중요한 것은 과정이다. "꿩 잡는 게 매"라는 식으로 결과를 강조할 게 아니라 과정을 소중히 여기고 "꿩을 바르게 잡는 게 매"라는 것을 가르쳐야 한다. 이러한 풍토는 어느 한 사건과 현상만 보는 게 아니라 그 이면의 흐름과 배경을 보는 눈을 갖는 것을 의미한다.

미시건 대학의 연구진들은 밀림의 표범 사진을 보여주었더니 유럽계 미국인 학생들은 표범에 시선이 쏠렸는데, 중국계 학생들은 배경을 살핀 후 표범을 보고 그런 다음 다시 배경을 보았다고 했다. 서양인과 동양인에게 각각 물속 풍경을 보여주고 나서 무엇을 보았느냐고 물었더니 서양인들은 "송어 세 마리"라고 대답했고, 동양인들은 물의 색깔과 흐름, 바닥의 모래 색깔에 대해 말한 후 송어를 말했다고 한다. 동서양의 관점은 이렇게 다르다. 연구진은 서양인들은 사물에 초점을 맞추고 동양인들은 전체 맥락 속에서 사물을 본다며 문화적 차이를 설명했다. 이것을 디지털과 아날로그 문화의 차이라고 보아도 무방하다. 아날로그의 관점은 사물을 맥락 속에서 이해하며 과정과 흐름을 소중히 여긴다. 업적과 결과를 중요시하며 사물에 초점을 맞추는 디지털 관점보다는 과정과 흐름을 중요시하는 아날로그 관점을 가질 때 교회학교가 훨씬 더 건강하리라고 확신한다.

한국교회와 교인들의 수가 많아지고 소위 축복이라고 말하던 부요함도 이루었다. 하지만 복음이 전파되지 않고 그리스도인들이 무시받고 비난의 대상이 되는 현실은 심각한 문제다. 차라리 그리스도인들이 박해받던 시절에 복음은 더 효과적으로 전파되었다. 이러한 오늘의 현실은 교회교육이 과정보다는 결과만 보도록 가르친 부작용이 아닐까? 무기력하고 영향력 없이 세속적인 가치관과 현세의 물질관을 가진 오늘날 불량 성인 그리스도인들에 대한 책임이 60-70년대 교회학교에 없다고 할 수 있을까? 세상에 영향을 주고, 고난 받더라도 무시 당하지 않는 그리스도의 장병을 양성하려면, 속도와 효율의 가치를 벗어나 하나님 앞에서 나는 어떤 존재며, 어떤 방향과 목적을 가지고 살아야 하는지 확인하고 가르쳐야 한다.

 속도에서 방향으로, 결과에서 과정으로, 효율에서 존재로, 성공하는 교회학교에서 건강한 교회학교로 가치를 전환할 때 우리의 미래에 새로운 지평이 열릴 것이라고 확신한다.

······

현재 한국 교회학교의 가장 큰 문제는 어린이와 청소년 사역에 헌신하고 훈련된 전문 사역자를 키워낼 시스템이 없다는 것이다. 있다 해도 소수에게 지나치게 의존하는 게 문제다. 또한 교회교육 사역자들이 뚜렷하고도 일관성 있는 목회철학인 교회론, 핵심 가치, 비전을 가지고 목회를 해본 경험이 없기에 그저 당면한 문제를 해결하느라 급급한 실정이다.

교회학교 공동체의 기본기와 시스템을 만들려면 목회철학이 반드시 필요하다. 목회철학에 해당하는 교회론과 비전, 핵심 가치, 전략을 갖추는 것이다. 목회철학은 집으로 비유한다면 기초에 해당한다. 기초가 얼마나 튼튼하냐에 따라 그 건물의 수명과 안전도가 결정 나듯, 건강한 목회철학은 건강한 교회학교의 절대 요소다. 목회철학은 교회의 건강성은 물론 정체성을 결정짓는다. 그러므로 목회자와 교사들은 어떤 일을 하거나 프로그램을 갖다 쓰기 전에 항상 "우리의 목회철학은 무엇인가?" 진지하게 물어야 한다.

이 장에 제시된 교회론, 핵심 가치, 비전, 전략은 어느 한 개인의 목회철학이 아니라 건강한 교회학교가 공통적으로 갖추어야 할 요소들로서 어떤 상황에서도 적용할 수 있는 보편성을 띤다. 실제로 해보았고, '해보았더니 된' 것들임을 밝힌다.

# 5장
## 교회론 — 교회사역을 해야 하는 이유

　교회론이란 '교회에 대한 생각'을 말한다. '교회가 무엇인가'에 대한 바른 정의를 가지고 있을 때 교회학교는 효과적인 성장이 가능하다. 교회학교를 섬기는 교사와 목회자는 바른 교회론을 가지고 있어야 하며, 그것을 함께 공유하고 있어야 한다. 그럴 때 일관되고 효과적인 목회가 가능해진다. 그런 의미에서 바른 교회론, 일관성, 효과적인 공유는 목회철학의 3대 요소라고 할 수 있다. 우리는 여기서 '교회에 대한 바른 생각'을 짚어보아야 한다. 건강한 교회학교에서는 '사도지향적인 교회론'과 '지체를 이루는 교회론'이 반드시 필요하다.

{ 교회는 사도들이 모인 곳이다 }

### 자리인가, 역할인가?

예수 그리스도를 구주로 고백하는 성도들은 모두 사도며 성직자다. 구약시대에는 최초의 제사장인 모세의 형 아론의 자손들이 제사장직을 이어갔다. 일반 백성들은 하나님께 직접 나아갈 수 없었고, 제사장이라는 중재자를 통해 기도하고 예배를 드리며 죄를 고백했다. 그러나 예수님이 십자가에서 죽으심으로 대제사장만 백성들의 속죄를 위해 일 년에 한 번 들어갈 수 있었던 지성소와 성소를 가르던 휘장이 찢어졌다. 덕분에 이제 우리는 하나님께 직접 나아갈 수 있는 제사장의 신분을 얻게 되었다. 이제 우리의 유일한 대제사장은 예수 그리스도뿐이다.

그런 의미에서 목회자와 교사 그리고 아이들이 모두 사도성을 회복하고 사도 신분으로 세상을 살아가도록 가르쳐야 한다. 아이들은 예비 사도가 아니라 현재 할 일이 있는 사도라는 말이다. 이것이 사도지향적인 교회론의 핵심이다. 아이들은 이미 부름 받은 사도들인 것이다.

그러므로 목회자와 교사가 다음세대의 아이들에게 가져야 하는 권위는 전문성에서 비롯된 것이어야 한다. 교회 안에 높고 낮은 직분과 역할과 기능은 없다. 그러나 중세 시대에 교회에서 직제와 직분이 강화되면서 이러한 건강한 사도성은 변질되었다.

전임 전도사로 섬기던 교회를 떠나 다른 교회에서 안수 받고 3년 차 목사가 되어 예전의 그 교회의 부목사로 부임했다. 그런데 목사가 된 지 3년이 되었지만 여전히 나를 전도사로 부르는 권사님들이 계셨다. 기분이 그리 좋지 않았다. 하지만 곰곰이 생각해 보니, 내가 전도사보다 목사의 신분이 더 높다고 생각하고 있었다는 자책감이 들었다. 이처럼 우리는 자칫 직분과 직제를 신분의 높고 낮음으로 여기곤 한다.

처음 소망교회에 부임했을 때, 천 명이 넘는 교사 가운데 누가 권사인지 집사인지 혼동되는 경우가 있었다. 그래서 그럴 경우에는 무조건 "권사님" 하고 불렀다. 사람들이 직분과 자리 때문에 쉽게 상처받기 때문이다.

그러나 교회학교는 역할과 기능 중심의 직제를 따라야 한다. 즉, 직분과 자리가 아니라 은사에 따라 교회학교의 직제를 짜야 한다. 물론 교회학교가 역할과 기능 중심으로 전환하는 데 어려움이 따른다. 가장 큰 걸림돌은 자리와 계급을 중요하게 여기는 기존의 직제에 익숙해 있는 교사들이다.

우리 교회에서 있었던 일이다. 한 교역자가 기존의 부장 선생님과는 별도로 교사들의 성경공부를 인도하는 교사들을 따로 두어 조장이라는 이름을 붙여주었다. 조장은 나이와 상관없이 성경을 잘 가르

**공동체의 방향 함께 정해요!**
(설득의 과정을 거쳐 공동체의 핵심 가치 이끌어내기)

- 한 조의 인원이 다섯 명이라면 다섯 명 각자가 생각하고 바라는 핵심 가치를 다섯 가지씩 정한다.
- 각자가 정한 핵심 가치를 다른 사람에게 공개하고 토의에 들어간다.
- 열띤 설득의 과정을 거쳐 다섯 명 전원이 합의한 다섯 개의 공통 핵심 가치를 정한다.
- 이렇게 각 조마다 정해진 다섯 개의 핵심 가치를 가지고 조 전체가 모여 다시 토의 과정을 거친다.
- 마침내 전체가 합의하는 핵심 가치를 이끌어낸다.

이 방법은 연말이나 연초에 교사 수련회나 교역자 훈련 때 공동체의 방향을 정하는 시간에 활용하면 좋다. 이때 목회자는 회의를 이끌어 가면서도 조의 일원이 되어 설득하거나 설득 당하는 입장에 선다. 목회자가 지위를 이용해 교사들을 억지로 따라오게 하기보다는 교사들에게 설득 당할 수 있는 모임을 가져야 한다.

치는 은사를 가진 이들을 담당 목회자가 성경공부 인도자로 삼기 위해 심혈을 기울여 따로 키운 사람들이었다. 그런데 조장들과 기존의 부장단들 사이에 갈등이 생겼다.

사실 교사들은 가르치는 일이 최고의 권위를 가진 사역이다. 그 일을 나이나 직분과 상관없이 은사에 따라 맡기다보니 젊은 교사가 조장이 될 수도 있었다. 이런 낯선 구조가 갈등을 일으켰던 것이다.

여기에는 두 가지 해결 방법이 있다. 첫 번째는, 기존의 직제와 직분에 따라 조직된 부장단을 역할과 기능 중심으로 재편성해 조장으로 활용하는 것이다. 이를 위해선 교역자가 기존의 임원 교사들과 충분히 목회철학을 나누고 그들을 양육해야 한다. 조직 전체의 사고방식을 바꾸는 데 오랜 시간이 걸린다는 단점이 있으나, 궁극적으로는 건강한 체질을 가진 양육 체제를 이룰 수 있다.

두 번째는, 직분과 직제로 짜인 조직을 아예 역할과 기능 중심의 조직으로 새롭게 짜는 것이다. 기존의 부장, 부감, 총무라는 행정 조직을 놓아두고 간사나 조장, 헬퍼(helper) 등 전혀 다른 이름을 가진 사역자들을 세워 상하 개념이나 직제 개념으로 짜인 기존 조직을 자연스럽게 와해시키는 방법이다. 실제로 선교 단체들이 이러한 구조를 가지고 있다.

### 교회용 사도와 학교용 사도

사도지향적인 교회는 아이들을 교사들에게 일방적으로 가르침을 받는 단순한 피교육자나 어린아이로 취급하지 않는다. 아이들도 교사들과 동등하게 고귀한 임무를 받은 사도로 인정한다.

목사는 세상에서 살다 지친 성도들을 교회 안으로 불러들여 다시 훈련시켜 파송하는 교회용 사도다. 교사는 교회학교 반을 돌보는 반목회용 사도며, 아이들은 학교와 세상에서 목회하는 부르심을 받은

강남지역 여러 교회의 청소년들이 연합모임을 갖고 있다.

세상용, 학교용 사도들이다. 목사와 교사와 아이들은 다 같은 사도이되 서로 기능과 사역지가 다를 뿐이다. 이러한 생각을 가질 때 아이들을 보는 시각과 대하는 방식은 천지 차이로 달라진다.

아이들이 사도라는 정체성을 가지고 사도로 살아가지 않는다면 그들이 다니는 학교에서 하나님의 나라는 실현될 수 없다. 초등학교 안에 들어갈 수 있는 이는 목사나 교회학교 교사들이 아니라 바로 아이들이다. 학교는 그들만의 사역지다. 아이들이 학교에서 사도의 소명과 정체성을 나타낸다면 그곳에 거룩한 복음의 영향력이 나타날 것이다.

사실 학교는 아이들에게 가장 싫은 장소이기에 복음의 영향력을 드러내고 싶은 장소와는 거리가 먼 것이 현실이다. 요즘 영화에 등장하는 귀신들은 주로 학교에서 나타난다. 학교가 공부 못한다는 이유로 아이들이 죽는 장소가 됐다는 점을 빗대는 것이리라. 학교는 치열한 경쟁 장소며 경쟁에서 밀린 아이들이 생을 마감하는 곳이라는 처절한 외침인 셈이다. 학교는 신앙을 가진 우리 아이들에게 영적으로 가장 취약한 장소임이 분명하다.

그러므로 우리 아이들이 영적인 황무지와 같은 학교라는 사역지에 파송된 목회자라는 사실을 그들에게 가르치고 도전하여 그곳에서 사도 역할을 할 수 있게 해야 한다. 그들만 들어갈 수 있는 학교에서 그들이 사도로서 믿지 않는 친구들을 섬기고 기도하며 예배할 수만 있다면 학교가 새로운 목회지가 되지 않겠는가? 아이들이 단순히 학교를 성공의 발판이나 거쳐 가는 과정으로 생각한다면 그들이 가장 많은 시간을 보내는 학교는 영원히 영적인 불모지가 될 게 뻔하다. 그런 아이들은 나중에 성인이 되어도 세상을 사역지로 보지 못하고 그저 먹고살기 위해 직장을 다니는 사람이 되고 말 것이다. 따라서 학령 전부터 우리 아이들이 사도의 신분을 가지고 학교에서 섬기는 사역자임을 가르쳐주고 그렇게 살도록 도전을 주어야 한다.

**성령님의 역할**

그러면 목사, 교사, 아이들에게 동등한 사도성을 부여하는 이는 누구인가? 바로 성령님이시다. 초대교회의 역사를 보면 왜 성령님이 오셔야 했는지 분명히 드러난다. 성령님이 오신 후 초대교회는 바로 핍박을 받고 사도들은 각지로 흩어진다. 그들은 이제 서로 의지할 동료도, 지도 받을 영적 스승도 없는 상황에 처한다. 이때 시간과 공간에 제약받지 않고 그들을 만나주시고 격려하시며 사도로서 사역을 계속할 수 있도록 도울 길은 예수님이 영으로 계시는 것뿐이었다. 육신으로 온 예수님은 승천하시고 돕는 영인 보혜사 성령님이 사도들에게 임하신 것이다.

일단 아이들이 교문 안으로 들어가면 학교라는 공간 안에서 목사나 교사인 우리는 그들을 만날 수 없다. 이때 아이들이 학교에서 사도로서 목회자 역할을 하도록 직접 돕고 격려하는 분이 성령님이시다. 그들이 학교에서 예배하고 기도하도록 돕는 이도 성령님이시다. 그러므로 아이들은 어디에서나 목회자의 도움 없이도 스스로 성령님을 만나 교제하고 인도받는 법을 배워야 한다. 목회자가 언제 어디서나 그들 곁에 머물며 도움을 줄 수 없기 때문이다. 따라서 아이들이 자생력을 가지고 사도로서 성령님의 직접적인 인도하심을 따라 학교 현장에서 사역하도록 가르쳐야 한다.

성령님께 사도성을 부여받은 아이들은 학교나 세상에서 사도답게 살기 위해 지속적으로 성령님의 음성을 들어야 한다. 이를 위해 필요한 훈련이 바로 큐티와 중보기도다. 큐티와 중보기도는 전적으로 사도지향적인 교회학교에 필요하다. 큐티와 중보기도는 어떤 기도 응답과 목적을 성취하는 수단이 아니라 어디서나 사도로 살아가도록 성령님이 말씀하시는 통로이기 때문이다. 또한 학교와 세상에서 목회자 없이도 성령님의 인도를 따라 사역하며 자생력을 키우는 생존법이기 때문이다.

### 목회자에게 거룩한 도전을 하라

성령론에 근거해 교회학교 사역을 하던 초기에 목회직에 대한 교사들의 도전이 있었다. 목회자 역시 직제가 아니라 하나의 기능과 역할이라는 교회론을 가르쳤을 때부터 예상했던 일이었다. 목회자나 교사나 아이들이 사역지만 다를 뿐 모두 사도라는 말에 교사들이 충격을 받은 것 같았다.

소망교회 교회학교는 설교와 성경공부 본문을 동일하게 하고 있다. 그러다보니 교사들은 내가 전할 다음 주 설교 본문을 일주일 내내 묵상하기 시작했다. 그런 가운데 성령님이 영감을 주시는 내용들을 각자 적어 오는 통에 솔직히 설교하기가 더 부담스러워졌다.

그런데 하루는 어느 교사가 설교 내용에 대해 교회학교 인터넷 게시판에 정면으로 이의 제기를 했다. 내가 성경을 해석한 것과 그가 성령님께 직접 받은 해석이 다르다는 이유에서 였다. 게다가 "목사님, 영성이 떨어지신 것 같습니다. 목사님을 위해 기도하겠습니다"

는 글도 함께 말이다.

말씀을 묵상하지 않던 교사들에게 말씀을 묵상하라고 시키고 그 가운데서 성령님의 음성을 듣는 법을 가르친 게 나였다. 그런데 내가 가르친 바로 그 부분에 대해 공식적으로 공격을 받았으니, 내 반응에 모든 교사들과 아이들의 관심이 몰리게 되었다. 그때 나는 이런 답글을 올렸다. "선생님의 말씀 묵상을 존중합니다. 제가 한 묵상과 해석이 틀릴 수 있다는 점도 인정합니다. 앞으로 많은 기도와 묵상을 통해 깊은 영성이 담긴 말씀을 전하는 목사가 되겠습니다. 기도해주셔서 감사합니다." 당시에는 무척 자존심이 상했지만 지금 생각해보면 그런 답글을 올리기 참 잘했다는 생각이 든다. 그때 내가 "선생님 묵상이 틀린 겁니다. 제가 만난 성령님이 옳습니다. 저는 전문적인 훈련을 받은 목회자입니다"고 말했다면, 그 상황을 지켜보던 아이들은 아마 스스로 하는 묵상을 포기하고 내가 일방적으로 전하는 말씀에만 의존하는 사람이 되었을 게다.

그 교사는 내게 성경 해석의 전문성을 부여하기 위해 시간에 쫓겨 다니지 말고 더 깊이 묵상하고 연구하라는 도전을 했던 것 같다. 목사의 권위는 전문적인 목회로, 교사의 권위는 전문적인 반 목회로 결정될 때 성령의 사역은 비로소 꽃필 것이다. 우리 아이들에게 영향력을 미칠 수 있는 권위와 존경은 전문성에서 나온다.

### 선천적 재능과 후천적 은사

성령님은 아이들을 영적 전쟁터인 세상에 보낼 때 무기이자 사역 도구를 들려 보내시는데 그것은 바로 성령의 은사다. 은사는 재능과는 달리 후천적으로 주어지며 이미 구원받은 주님의 백성들만 위로부터 받는 선물이다. 은사는 서로 다르나 같은 성령으로 주어지는 통일성을 가지고 있으며(고전 12:4-5) 각 사람의 부족한 것을 서로 보완하기 위해 각기 다른 은사를 가지는 다양성을 특징으로 한다. 은사는 하나님이 우리더러 자랑하라고 주신 게 아니라 일하라고 주신 것이므로 일하는 데 쓰면 된다. 그리고 한 사람에게 하나의 은사뿐만 아니라 필요에 따라 여러 은사를 주시기도 한다. 은사는 변화하는 유동성을 가지고 있으며 기능과 직능에 따라 바뀌기도 하고 사용하지 않으면 소멸하는 성질을 가지고 있다.

아이들이 세상에서 그리스도인으로서 살아갈 때 탁월할 수밖에 없는 이유는 태어날 때부터 누구나 가지는 재능에 성령님이 사역에 쓰라고 은사를 더해주시기 때문이다.

천재는 노력하는 사람을 당해낼 수 없고 노력하는 사람은 즐기는 사람을 당해낼 수 없다. 그리고 즐기는 사람은 미친 사람을 당해낼 수 없고 미친 사람은 성령님이 주시는 은사를 가지고 일하는 사람을 당해낼 수 없다. 선천적인 재능이 없다고 낙담하지 말아야 할 것은 명확한 사역과 목적을 정하고 구하면 성령님이 후천적으로 풍성한 은사를 부어주시기 때문이다.

한번은 소망 교회 부목사들이 MBTI 검사를 해 보았는데, 거의 다 내성적인 성격으로 나타나 놀랐다. 활발하고 적극적이며 사교적인 분으로 보이는 목사님들의 본 성품이 내성적이라는 검사 결과를 보면서, 하나님의 사역을 위해 성령님이 후천적으로 주신 은사가 따로 있다는 확신을 갖게 되었다.

성령님이 주시는 모든 은사 가운데 월등한 것은 사랑의 은사다. 그래서 성경은 고린도전서 12장에서 다양한 은사를 소개한 후, 13장에서 집중적으로 사랑의 은사에 대해 말한다. 사랑의 은사는 선택 과목이 아니라 필수 과목이다. 사랑의 은사 없는 방언과 통변과 가르치는 것과 섬기는 것은 아무런 쓸모가 없다. 사랑의 은사에 다른 은사를 더해야 한다.

사도지향적인 교회론은 성령지향적인 교회론으로 자연스럽게 이어지고 성령지향적인 교회론은 은사지향적인 교회론으로 이어진다. 또 은사지향적인 교회론을 가진 교회학교는 사랑의 은사를 기본으로 무장해 사랑의 공동체를 이루는 자연스러운 수순을 밟는다.

우리의 아이들은 사도로 부름 받았으며 그들의 사역지는 세상과 학교다. 그리고 그들에게 사도성을 부여하고 삶의 현장에서 사도로 살아가도록 도우시는 분은 성령님이다. 성령님은 영적 전쟁터와 같은 세상에 우리 아이들을 보내시며 무기를 들려주시는데 그것이 바로 성령의 은사이다. 성령님은 은사를 부어주실 때 사랑의 은사를 가장 먼저 주신다. 이러한 균형 잡힌 교회론 아래에서 우리 아이들을 가르치고 이를 체질이 되게 한다면 건강한 교회와 세상을 만들어 가리라 확신한다.

{ 교회는 지체들이 모여 한몸을 이루는 곳이다 }

**지체에는 우열이 없다**

사도지향적인 교회론과 이어지는 내용이지만 교회학교는 성령지향적 교회론과 은사지향적 교회론을 가지고 있어야 하며 그 가운데 은사지향적인 교회론은 지체론에 그 기초를 두고 있다. "너희는 그리스도의 몸이요 지체의 각 부분이라"(고전 12:27)에서 보듯이 그리스도가 교회의 머리 되시며 우리는 각각의 지체로 표현된다. 예수 그리스도의 몸인 교회가 제대로 움직이려면 각 지체가 고유한 기능과 역할로 서로를 섬겨주어야 한다.

교회학교는 그리스도의 몸 된 교회며 구성원인 목회자와 교사와 아이들은 지체들이다.

한 교사가 내게 고충을 솔직하게 털어놓았다. 반 아이 가운데 학습 분위기를 망치고 말썽을 부리는 아이가 있는데, 그 아이가 한번

떠들기 시작하면 더 이상 공과공부를 진행하기가 힘들다는 이야기였다. 그런데 하루는 그 아이가 아파서 결석을 했고 덕분에 공과공부가 잘 되었다고 했다. 그래서 그런 아이는 교회에 안 나와주었으면 하는 마음이 자기도 모르게 들었다며 가슴 아픈 고백을 했다.

그 교사와 성경공부를 함께할 때 지체가 모인 교회론을 나누면서 나는 새로운 지평이 열리는 경험을 했다. 그때 이런 이야기를 나누었다. 한 몸에는 여러 지체가 있는데 어떤 지체는 꼭 필요해 보이는가 하면, 어떤 지체는 꼭 없어도 될 것 같은 게 사실이다. 하지만 엄밀하게 말해 필요 없는 지체는 없다. 말썽 부리던 그 아이가 나오지 않은 것은 우리 몸의 지체 하나가 없어진 것과 같은 일이다. 그 아이가 결석함으로 우리의 몸은 불구가 되었다. 그 교사는 성경이 말하는 지체 의식을 가지고 아이들을 보게 되었다. 그 후로 그 교사는 아이들이 아무리 힘들게 하고 말썽을 부려도 그들을 지체로 소중히 여겼다.

각각의 지체들에는 우열이 없다. 어떤 지체가 눈에 더 띄거나 머리 가까이에 있다고 해서 더 소중하게 생각하는 일은 위험하다. 놓인 자리로 지체의 중요성이 결정되는 게 아니라, 지체가 가진 고유의 역할과 기능이 중요성을 결정한다. 지체의 특정한 역할은 오직 그 지체만 감당할 수 있고 그 지체가 그 역할을 감당해야 온전한 몸이 되기에 중요하지 않은 지체는 없다.

각자의 기능과 역할과 은사로 교회학교를 섬기고, 우열을 따지지 않고 각자의 역할로 존중받을 수 있다면 성경이 꿈꾸었던 건강한 교회학교가 이뤄질 것이다. 서로가 다른 지체의 자리를 탐내지 않고 자신의 역할과 기능으로 공동체를 섬기고 돕고 보완한다면 얼마나 근사한 교회학교가 되겠는가?

교회는 퍼즐이다?

교회를 퍼즐에 비유할 수 있다. 퍼즐은 수백 개의 조각조각이 각자 제자리를 찾아야 온전한 그림으로 완성된다. 거기서 퍼즐 한 조각이 사라졌다면 그 그림은 영원히 미완성으로 남게 된다. 이러한 심정으로 아이들을 바라본다면 우리 마음에 간절함과 절박함이 들 것이다. 거대한 퍼즐 맞춤 안에 그림이 선명히 드러나듯, 아이들이 제각기 하나님이 주신 은사를 가지고 제자리에서 역할과 기능을 다함으로 건강한 교회를 재현할 것이다.

지체는 서로의 고통을 나눈다. 다리가 아픈데 팔이 웃는 법은 없다. 온 지체는 신경이 통해 있으며 같은 피가 흐르기에 남이 아니라 형제다. 서로 다른 곳에 있기에 분리되어 보이지만 한곳에 상처가 나면 금세 각 지체가 한 몸인 것을 알 수 있다. 온 몸에 흐르던 피가 그 상처 난 곳으로 나오기 때문이다. 피는 성령과 같아 우리가 성령 안에 있을 때 그분은 우리가 하나의 몸임을 계속해서 증거하신다.

중고등부 연합 수련회 백코러스의 찬양 모습

수련회에 가보면 첫날에는 아이들이 좁은 공간에서 부대끼며 지내느라 서로 티격태격 싸우고 난리다. 서로 미워하기도 하고 말싸움도 하고 편을 나누며 얼굴 붉힌다. 그러나 시간이 갈수록 집회 시간에 성령으로 하나 되면서 그들은 깨닫는다. 옆의 친구도 하나님을 아버지라 부르고 있고 자신도 하나님을 아버지로 부르고 있어 서로가 그리스도의 한 피가 흐르는 지체임을 알게 된다. 성령님이 그들의 눈을 바꾸어주신 것이다. 수련회 마지막 날이 되면 서로 미워하던 아이들이 끌어안으며, 용서하고 용서받고 참회의 눈물을 흘리는 은혜의 도가니가 된다. 이러한 기적은 성령님이 주시는 하나 됨과 지체 의식의 회복으로 일어난다.

교회학교 사역을 하는 가운데 몸과 지체를 이루는 교회론을 일깨워주시는 이는 성령님이다. 성령님과 긴밀한 교제를 나누고 그분의 기름 부으심 속에서 지체 의식이 강하게 살아나게 된다.

교회놀이

어린아이들이 치고 박고 멱살 잡고 싸우며 노는 것을 본 어른이 지나가다가 싸우지 말고 사이좋게 지내라고 말한다. 그랬더니 아이들이 "저희들 지금 소꿉장난하며 놀고 있는 거예요"라고 말했단다. "무슨 소꿉놀이인데 싸우며 놀아?"라며 물었더니 "교회놀이요"라고 대답하더란다. 동네 교회에서 매일 치고 박고 싸우는 모습을 아이들이 재현한 것이다.

우리 교회학교 아이들에게 교회놀이를 하라고 하면 어떤 소꿉놀이를 할지 참 궁금하다. 그 모습에서 그들이 생각하는 우리의 교회를 볼 수 있기 때문이다. 그래서 유치부와 유년부의 성경학교 활동 시간에 교회놀이를 해보라고 주문해 보았다. 그랬더니 대부분의 교회학교 아이들은 예배를 만들어서 기도하고 설교하고 헌금하는 놀이를 했다. 아이들은 교회를 우리끼리 예배드리는 곳으로만 이해하고 있다는 증거였다. 나는 언젠가는 아이들이 서로를 사도라고 칭하고, 예배 후 파송식을 베풀며, 세상에서 그리스도인으로 살 수 있도록 훈련하는 놀이를 하기를 꿈꾼다. 그런 비전으로 지금도 교회학교 목회를 하고 있다.

아이들에게 교회를 그리라고 하면 대부분 도화지 한가득 교회를 크게 그리고 그 안에 예배드리는 사람들을 가득 채운다. 그러나 나는 아이들이 지구를 도화지 한가득 그리고 점을 찍어 교회를 그리는 환상을 가져본다. 아이들이 열방을 품고 세상을 섬기는 교회를 생각하며, 그렇게 점으로 교회를 그리는 날이 오기를 나는 소망한다. 그리고 교회를 사람 몸으로 그려놓고 너는 팔이고, 너는 다리며, 머리는 예수님이라고 각각 이름 붙이는 날을 꿈꾸어본다.

# 6장
# 핵심가치 — 원리를 벗어나면 교회학교는 탈선한다

핵심가치는 교회학교가 가져야 할 원리다. 원리는 어떤 상황과 여건에도 변하지 않는 일관된 원칙을 말한다. 기차로 말하면 레일에 해당한다. 기차가 레일에서 벗어나면 목적지에 갈 수 없는 법이다. 원칙과 원리가 있어야 따라오는 사람들이 힘들지 않고 일관성을 갖고 일할 수 있다.

핵심가치들 안에도 우선순위가 있다. 사역을 하다보면 핵심가치가 서로 부딪치는 일이 많다. 그러한 경우에는 미리 세운 우선순위로 사역의 여부를 결정해야 한다. 그리고 공동체 구성원들이 그 결정 과정을 투명하게 보고 인정하는 게 필요하다.

 구성원들이 따라오는 핵심가치

핵심가치를 정하라 → 핵심가치의 우선순위를 정하라 → 정한 우선순위대로 의사결정을 하라

이 후에 나오는 핵심가치들은 우선순위에 따라 배치했다.

## { 핵심가치 1 – 은혜(Grace)와 사랑 }

교회학교의 최우선 핵심가치는 더 말할 필요 없이 은혜와 사랑이다. 원래는 사랑이라고 써야 하는데 '5G'에 맞추다보니 은혜로 표현했다. 교회학교는 은혜를 중심으로 한 동기 부여가 그 어느 곳보다 필요한 공동체다. 진정한 삶의 변화를 일으키는 요소가 바로 은혜와 사랑이기 때문이다.

흔히 교회학교 사역자들은 하나님의 영광을 위해 산다는 게 꼭 열심히 사역하고 일하는 것이라고 오해한다.

하나님이 가장 원하시는 것은 '행함'(Doing)의 사람이 아니라 '됨'(Being)의 사람이다. 일이 먼저가 아니라 사람이 먼저이며, 사역이 먼저가 아니라 관계가 먼저이고, 업적이 먼저가 아니라 사랑이

먼저이다. 인생의 목적은 하나님을 위해 위대한 일을 하는 게 아니라 하나님이 부어주신 사랑을 받아 누리며 감사하고 기뻐하며 사는 존재가 되는 데 있다. 이것이 더 중요한 목적이다. 실제로 하나님의 사랑과 은혜가 충만한 사람이 건강한 사역을 훨씬 잘 감당한다.

교회학교 사역을 하다보면 사람과 일이 대립되어 둘 중의 하나를 선택해야 하는 경우가 많다. 어떠한 일을 무리하게 진행하다보니 사람과 관계를 잃어버리는 경우 말이다. 이러한 경우에는 핵심가치에 의거해 주저하지 않고 사람을 선택해야 한다. 사람을 가장 소중히 여기는 사역이 교회학교를 건강하게 만든다.

삼성의 고 이병철 회장의 유명한 말이 있다. "사람을 쓸 때에는 의심하고 의심하고 또 의심하라. 그러나 쓰고 나면 믿고 믿고 또 믿어라." 거대한 기업을 일으킨 기업가들 속에도 사람을 소중히 여기는 풍토가 있다. 아니 사람을 소중히 여기는 풍토로 인해 그 기업이 거대한 기업이 되었는지 모른다.

교회학교에서는 사역에 앞서서 그 사역에 맞는 사람을 준비시키고 충분히 동기 부여를 해주고, 일단 사역을 시작한 다음에는 사역자가 그 일을 지속할 수 있도록 믿어주고 격려하며 밀어주는 풍토가 절실하다.

교회학교 안에서 사역할 때 특히 조심하고 신중해야 하는 것은 제 역할을 감당하지 못하는 교사나 목회자들을 내보낼 때다.

 은혜 없이 일하는 사역자의 특징

- 보상을 바란다.
- 자기 의에 도취된다.
- 결과와 업적 중심의 사역자가 된다.

교사들이 처음 부서에 들어올 때 까다롭게 면접하고 선별해 은사에 맞게 쓰는 데는 문제가 없다. 이미 교사가 된 사람들을 해고하거나 사역할 기회를 빼앗는 한 얻는 것보다 잃는 게 훨씬 많다. 이는 교회 공동체가 일하는 것보다 중요하게 여겨야 할 점이 바로 사랑하는 것과 사랑받는 것이기 때문이다. 힘들더라도 계속 끌어안고 기다려 주고 그들이 성장할 수 있도록 돕는 일이 시간은 많이 걸리며 고통스러울지 몰라도 교회학교를 건강하게 만들어준다.

목회자와 교사가 교회학교 안에서 보여주어야 할 최고의 덕목은 성경을 잘 전하는 실력, 인간관계를 잘 맺는 기술, 분위기를 밝게 하는 유머가 아니라 사랑이다. 한 사람의 영혼을 주님의 심장으로 사랑하는 것은 위대한 능력과도 같다. 자신은 열심히 사역을 하는데 열매가 없으며, 최선을 다해 사랑하는데 사람들이 그 사랑을 몰라준다고 말하는 것은 거짓말이다.

솔로몬의 재판을 보라. 어린 아이를 반으로 갈라 두 어머니에게 나누어 주라는 판결에 감추어졌던 사랑이 드러난다. 이때 아이의 진

 은혜가 넘치는 우리 부서 만들기 — 칭찬합시다

교사평가회나 월례회 때마다 자기 옆 사람의 장점과 본받고 싶은 점을 두 가지씩 릴레이로 발표하는 시간을 가져보자. 그저 막연하게 "잘생겼습니다" "착해 보여요" 같은 표현을 쓰지 말고 다른 사람들도 인정할 수 있는 그 사람만의 장점을 세밀하게 관찰하여 발표해보자. 그렇게 칭찬 받은 사람은 항상 똑같이 이렇게 대답한다. "나는 그런 사람이 아니에요." 그런 다음 자신의 단점과 고쳐야 할 점 한 가지를 이야기한다. 다른 사람이 자신의 잘못을 지적하면 기분이 나쁘고 자존심 상하지만 스스로 자신의 약점을 이야기할 때 참 은혜를 나누는 시간이 될 수 있다.

짜 엄마는 아이를 죽이지 말고 다른 여인에게 주라했고 가짜 엄마는 죽여서라도 같이 나누어 달라 했다. 솔로몬의 재판에 또 다른 이름을 붙여본다면 "진짜 사랑은 반드시 드러난다"가 되지 않을까? 우리 속담에 "옷 안에 감춘 송곳"이란 말이 있는데 이는 송곳은 반드시 언젠가는 밖으로 삐져나온다는 말이다. 사랑은 꼭 이와 같다.

진실하고 최선을 다하는 사랑은 결국 드러나게 되고 건강한 열매를 맺게 되기 마련이다.

### 칭찬을 먹고 사는 조직

은혜를 핵심가치로 여기는 조직과 그렇지 않은 조직 사이에는 현격한 차이가 있다. 은혜의 가치가 있는 교회학교는 단적으로 칭찬과

 마르지 않는 설교의 샘을 유지하려면

1. 언제, 어디서든 메모하는 습관을 들여라.

10년 전 하나님께 두 가지 약속을 했다. 첫째, 교육목회를 배우는 10년 동안은 직접 읽은 책 내용 외에 외국을 소재로 한 예화를 설교 속에 사용하지 않겠다. 둘째, 항상 기록하는 습관을 갖겠다. 유치해 보이겠지만, 예화를 철저히 아이들의 삶 속에서 찾아 쓰겠다는 나름대로의 다짐이었다. 먼저 아이들과 나의 삶 주변에 일어나는 일들을 소재별로 찾아 보았다. 그리고 찾은 소재를 잊지 않으려고 수첩에 기록하는 습관을 들였다. 아이들의 정곡을 찌르는 예화나 감탄사가 나올 만한 일들은 스쳐 지나갈 때가 많다. 그래서 생각날 때 마다 수첩을 꺼내 기록했고, 차를 타고 가다가도 생각이 떠오르면 차를 세워놓고 미친 듯이 기록했다. 다양한 기록 방법을 써보았지만 순간적으로 떠오른 영감을 바로 잡아두는 데는 항상 오른편 주머니에 넣어 가지고 다니는 수첩에 적는 게 제일 좋았다.

2. 뒤집어 생각해보라.

그러고 나서 같은 사건과 사물을 보더라도 전혀 다른 시각으로 보는 법을 연구했다. 그래서 얻은 방법이 어떤 성경의 사건을 무조건 뒤집어 보거나 뒤틀어 보는 것이었다. 가령 "아브라함이 이삭을 번제로 바치지 않았다면?" "예수님이 물위를 걷다가 푹 빠졌다면?" 이렇게 정반대로 상상해보면서 본문과 상반되지 않는 범위 안에서 상상으로 내용을 잡아내는 훈련을 했다. 그리고 일상 속에서 접하는 평범한 일과 단어도 전혀 어울릴 것 같지 않은 것끼리 서로 연결해보고 논리적으로 연결하여 생각해 보는 법을 연습했다. 단어와 상징들을 조합해 새로운 조합을 만들어보는 것은 관계를 파악하는 눈을 키우기 위한 훈련이었다. 이때 떠오른 내용들을 수첩에

 마르지 않는 설교의 샘을 유지하려면

옮기는 훈련과 나중에 정리하는 훈련을 함께 했다.

3. 탁월한 설교가에게 배우라.

위대한 설교가는 자신의 설교에서 적어도 60퍼센트 이상의 예화나 적용을 사용했다는 글을 보았다. 이를 위해서는 성경에 대한 해박한 지식은 물론 회중의 삶을 훤히 들여다보고 경험해야 한다. 위대한 설교가들은 성경과 적용의 경계를 자유자재로 넘나든다. 그래서 나는 그들의 설교를 뽑아서 어떤 경우에는 100번도 넘게 반복해 듣기도 했다. 수십 차례 설교를 들으면서 그 설교가만의 독특한 방법과 일정한 적용 도식을 내 설교에 적용해보는 훈련을 해보았다.

격려에 능하다. 뛰어난 리더들을 보면 구성원들을 격려하고 칭찬하는 데 탁월한 재능을 지녔다는 통계가 있다.

특별히 일이 많고 고된 조직일수록 사기를 먹고 사는 법이다. 교회의 여러 일 가운데 교회사역은 3D 업종이라는 말을 종종 한다. 시간과 돈까지 들여서 섬기지만 돌아오는 것은 아이들의 무관심이라는 푸념을 하며 교사 사역 자체를 기피하는 경향도 있다. 다른 사역은 다른 영혼을 책임진다는 부담감 없이 자신의 한 몸을 가지고 헌신하면 그만이다. 게다가 얼굴도 내보이고 이름도 드러낼 수 있다. 반면에 교사는 한 명도 아닌 여러 명의 아이들을 책임지고 먹이며 양육하고 돌보며 영적으로 성장시켜야 한다는 거룩한 부담감을 상당히 느끼고 있다. 이러한 고된 사역을 감당하는 사역자들에게 필요한 것은 바로 칭찬과 격려다.

〈벤허〉라는 영화를 보면 벤허와 멧살라가 마차 경주를 벌이는 장면이 있다. 마차 경주에서 멧살라는 채찍으로 경주마들을 사정없이 내리치며 다루지만 벤허는 전날 마구간에 찾아가서 경주마들을 쓰다듬고 어루만지며 격려하고 칭찬하는 방법을 쓴다. 그리고 당일 채찍으로 때리지도 않고 결국 경주에서 승리한다. 하급 조련사는 채찍만 쓰고 고수는 채찍과 당근을 쓰지만 초특급 조련사는 당근만으로 경주마를 다룬다. 교회학교는 칭찬과 격려에 민감하기에 초특급 조련사가 필요하다.

은혜를 핵심가치로 세운 공동체의 특징 가운데 두드러지는 것은 구성원들의 실패를 용납하는 분위기가 형성되어 있다는 점이다. 다음에 기회가 더 있다고 말하거나 실패에 대해 다시 일어나도록 용기를 불어 넣어준다. 당신의 은사와 맞지 않았을 뿐이라고 말해준다. 가장 큰 실패는 실패했다는 이유만으로 더 이상 도전하지 않는 것이다. 가장 병든 공동체는 실패했다는 이유만으로 더 이상의 기회를 주지 않는 공동체다. 이러한 공동체에서는 아무도 더 이상 새로운 모험이나 도전을 하지 않을 것이며 자신이 책임질 만한 일은 하지 않을 것이다.

 윤동일 목사의 설교 점검표

- 설교를 한 문장으로 만들 수 있는가?
- 본문에 충실한가?(본문에서 '왜'라는 질문을 계속 던지는가?)
- 30분 설교에 10번 이상 질문이 들어 있는가?
- 상담(대화)과 심방을 통해 설교 소재를 얻고 있는가?(생활 속의 소재)
- 구체적인 적용법을 제시하고 있는가?(그래서 도대체 어쩌란 말인가?)
- 설교 중간에 듣는 이에게 생각할 시간을 주는 '멈춤'의 시간이 있는가?
- 본문 해석에 '무릎을 탁 칠만한(Aha moment)' 대목이 있는가?
- 설교를 듣고 사람들이 10년 후 어떻게 변해 있으리라 생각하는가?
- 설교가 너무 여성 편향적(남성 지향적)이지 않는가?
- 사물을 새로운 시각으로 바라보고 있는가?(지루한 설교는 용서받을 수 없다)
- 설교 속에 뼛속에서 타오르는 불길이 있는가?(복음의 능력과 감격을 회복하고 있는가?)
- 설교 준비 맨 마지막에 서론을 쓰는가?(서론의 30초가 설교의 질을 결정한다)
- 초신자가 관심을 갖도록 설교를 시작하는가?
- 설교 끝이 강한 희망과 여운을 주는가?
- 말이 빠르지 않은가?(발음이 정확한가? 어미는 정확히 끝내는가?)
- 원고를 읽으면서 실제로 설교하듯이 연습하는가?
- 하나의 주제만 주고 있는가?(집중성)
- 과거형 어미를 피하고 현재형 어미를 사용하는가?
- 본문을 비틀어 보는 상상력이 있는가?(~이 아니라면, ~했다면)
- 유머를 사용하는데 신중한가?
- 설교 제목에서 매력이 느껴지는가?

## 윤동일 목사의 설교 점검표

- 청중이 누구인지 인식하고 있는가?
- 가까운 행사나 절기에 관계시켰는가?
- 책망보다는 위로하는 내용이 있는가?
- 지난 주간의 신문, 잡지를 조사했는가?
- 인용문의 출처를 밝히는가?
- 긍정적인 입장에서 말하는가?(긍정적 예화만 사용하라)
- 자신을 자랑하려는 유혹을 이기고 있는가?
- 다양한 방법을 시도하고 있는가?
- 항상 성경 읽기와 기도에 힘쓰고 있는가?
- 매사를 설교자의 눈으로 보며 복음적으로 풀고 있는가?
- 수첩을 항상 갖고 다니며 설교 관련 기록을 하는 습관이 있는가?
- 외국의 예화를 자제하고 일상 가까이에서 예화를 개발하고 있는가?
- 하루에 꼭 두 편씩 다른 이의 설교를 정기적으로 듣고 있는가?
- 자신의 설교를 좋아하는가?(설교를 녹음하여 여러 번 들어보라)
- 설교를 일찌감치 준비하는가?(월요일에 제목을 정하는가?)
- 장기간의 설교 계획을 세워두고 있는가?(한 달 혹은 일 년 계획)
- 중요한 신학 교리(하나님, 예수님, 성령님, 교회, 중생, 마귀, 지옥, 성경, 기도 등)를 자주 설교하고 있는가?
- 말씀을 살아계신 하나님과 동일시하고 있는가?
- 그리스도가 설교의 중심인가?(예수님이 곳곳에 계신가?)
- 율법도 은혜로 잘 해석하고 있는가?(행위 지향적인 설교를 피하는가?)

한번은 '도전 골든벨'이라는 TV 프로그램을 보았다. 50문제를 맞히면, 장학금과 학교 영상 기자재를 받게 되어 있었다. 퀴즈에 참가한 학생들이 모두 탈락하고 여학생 한 명만이 홀로 남게 되었다. 마침내 50번째 마지막 문제를 놓고 그 여학생은 골든벨 아래 앉아 있었다. 아나운서가 마지막 문제를 읽었다. 정적이 흐르고, 여학생은 한참을 고민하더니 제한 시간이 다 되어서야 고개를 푹 숙이며 "미안해"라고 적은 칠판을 들었다. 바로 그때 전교생들이 다 일어나 "괜찮아, 괜찮아, 괜찮아"를 수십 번 외쳤다. 그 소리를 들은 아이는 그만 주르륵 눈물을 흘렸다. 은혜로운 신앙 집회 장면이 연상되었다. 모든 아이들이 "망신살, 망신살, 내 그럴 줄 알았어"라고 했다면 그 여학생은 얼굴을 들지 못했을 것이다.

사실 이러한 분위기는 교회학교 안에서 꼭 필요한 요소다. 최선을 다한 것으로 모든 것을 용납하고 받아주는 것이 바로 은혜의 핵심가치를 지닌 공동체의 분위기다.

{ 핵심가치 2 - 선교(Going) }

교회학교가 가져야 할 두 번째 중요한 핵심가치는 복음 증거다. 교회학교가 존재하는 궁극적인 목표는 선교를 지향하는 공동체를

 예배 속에 선교에 대한 가치가 들어 있는가?

- 말씀이 쉽고 재미있어 초신자도 쉽게 받아들일 수 있도록 준비했는가?
- 처음에 찾아오는 아이들이 받을 문화 충격에 대한 배려가 있는가?
- 불신자들에게 찬양하고 성경을 찾는 것을 강요하는 분위기인가?
- 친구를 부담 없이 데리고 올 수 있는 밝고 편안한 분위기인가?
- 새신자를 위한 편리한 자리 배치에 신경 쓰고 있는가?
- 믿지 않는 친구에게 소개할 만한 프로그램이 있는가?
- 정기적으로 선교와 전도에 대한 말씀을 전하는가?
- 초신자의 긴장을 풀어주는 과정이 있는가?
- 예배의 순서가 단순한가?
- 찬양은 짧고 쉬운가?

만들어가는 것이다. 교회학교 사역자는 목회자든 교사든 교회학교가 무엇을 위해 성경을 가르치고 예배를 드리고 훈련하는지 항상 질문을 해야 한다.

기독교 교육의 중요한 주제는 성숙이다. 그러나 성숙이 우리의 최종 종착역은 아니다. 결국 기독교교육의 완성과 나아가야 할 궁극적인 방향은 성숙과 성화와 영향력을 통로로 하는 선교와 전도다. 항상 사역자는 무엇을 위한 성숙이냐는 질문을 되새기고 핵심가치 중심에 선교를 두어야 한다.

예배는 받은 은혜를 동력으로 목회자의 축도를 신호 삼아 세상에 복음을 전하기 위해 뛰어나가는 일종의 발사대 같아야 한다. 그러나 대부분의 교회학교가 오늘 사역을 다 마치었다는 종료의 의미로 예배를 끝낸다. 주일 예배는 세상과 학교에서 사역하기 위한 출발대 같은 성격이어야 한다.

그리스도인은 믿는 사람들끼리 노는 데 익숙하다. 서로 가치관과 말이 통하고 하나님께 예배하며 서로 축복하고 교제하는 일이 즐겁기만 하다. 시간 가는 줄도 모르고 교회 안에서 교제하는 기쁨을 나누는 것도 사실이다. 그리스도인들끼리 교제하는 게 편하다는 이유만으로 아이들이 교회학교 안에만 머물기 시작했다. 예배하고 훈련 받는 이유와 목적을 더 이상 생각하지 않기 시작했다. 이렇게 아이들이 교회학교 안에만 머문다면 교회라는 배는 더 이상 세상에서 죽어가는 영혼들을 구하는 구조선이 아니라 우리끼리 뱃놀이하는 유람선으로 전락할 것이다.

그래서 어느 한 해에는 교회학교의 겨울수련회 주제를 "나가 놀아라"로 정한 적이 있다. 교회 안에서 우리끼리만 놀지 말고 세상에서 복음 증거자로 살자. 강력하게 도전하는 슬로건이다. 이 주제로 수련회를 가진 후, 아이들은 교회 안에서 노는 것은 세상에 나가 놀기 위함이라는 인식을 하게 되었다. 그렇다고 교회 안에서 노는 것을 무조건 부정하는 것은 옳지 않다. 밖에 나가 놀기 위해서는 먼저 교회 안에서 잘 놀고 충전 받고 은혜를 받아야 한다. 그렇게 교회 안에서 잘 논 다음에는 세상에 나가서 잘 노는 법을 배워야 한다. 세상에서도 잘 놀 수 있는 아이를 키우는 게 우리의 꿈이다.

### 세상을 위한 교회인가? 교회를 위한 세상인가?

교회학교는 세상을 위해 존재한다. 세상이 교회학교를 위해 존재하지는 않는다. 그리스도인은 믿지 않는 사람을 위해 존재한다. 믿지 않는 사람이 믿는 사람을 위해 존재하는 게 아니다. 이 세상에 믿지 않는 사람들이 없다면 우리가 이 땅에 있어야 할 이유가 없으며, 믿지 않는 세상의 사람들이 아직도 우리 곁에 있다는 것이 바로 우리가 아직도 이땅에 존재하는 이유다. 이러한 존재 이유를 아이들에게 가르치고자 부단히 노력한다.

유치부를 가든 초등부를 가든 전도와 선교에 대해 말씀 전할 기회가 있으면 내가 꼭 아이들에게 묻는 게 있다. "여러분 유치부는 왜 있어야 하죠?" 그러면 아무도 대답하지 못한다. 유치부 아이들이 대답하기엔 너무나 어려운 질문이다. 지금까지 이런 질문을 한 번도 받아보지 못했기 때문일 게다. 사실 나도 처음부터 정확한 답을 듣고 싶어서 질문한 것도 아니다. 그러면서 나는 엉뚱하게 들릴지도 모르는 답을 가르쳐준다. "유치원을 변화시키기 위해서 있는 거예요." 이러면 아이들이 처음엔 "에이" 하지만, 몇 년에 걸쳐 이런 질문을 하면 나중에는 "유치원을 변화시키기 위해서요"라고 외워서 대답한다. 초등부는 초등학교를, 중등부는 중학교를 변화시키기 위해 존재한다는 사실을 가르치고 또 가르친다. 이렇게 배운 아이들이 대학생이 되어서는 캠퍼스를 변화시키는 사역자로서, 직장인이 되어서는 직장을 변화시키는 사역자로서 살게 될 것이다.

그리스도인의 정체성을 갖고 거룩하게 살거나, 소명의식을 갖고 직장의 복음화를 위해 사는 사람을 별로 볼 수 없다. 카멜레온처럼 교회 안에서는 거룩한 옷을, 세상에서는 세속적인 옷을 입고 살아간다. 더 큰 문제는 그것을 당연하게 여긴다는 것이다. 이는 교회에서 예수 믿고 천국 가고 복 받는다는 것만 배웠지 교인이 세상을 위해 존재해야 한다는 소명을 어려서부터 몸에 배도록 배우지 못했기 때문이다.

지금 이런 기독교 풍토에 대한 책임은 60-70년대 그들을 키워낸 주일학교 사역자들에게 있다. 이러한 악순환을 반복하지 않도록 교회학교는 세상과 처음 접하는 유치부에서부터 새롭게 가르칠 필요가 있다. 그래서 약간 엉뚱해 보일지 모르지만 앞으로도 교회학교 각 부서를 돌아다니며 "왜 유치부가 있어야 하죠? 초등부가 무엇을 위해 있는 거죠?"라고 돈키호테 식 질문을 계속할 계획이다. 이러한 가치가 바로 생명을 걸 만한 핵심가치며 세상을 변화시킬 수 있는 삶의 원칙이 되기 때문이다.

선교 목사? 교육 목사?

나는 대학원에서 기독교 교육을 전공했으며 10년 간 교회교육을 전담해오고 있다. 한편으로는 아이들과 성인들을 데리고 7년째 단기선교를 다니고 있다. 동료인 선교 담당 목사가 "자네는 교육 목사인지 선교 목사인지 구분이 안 가는구먼"이라고 말할 정도로 나는 선교에 푹 빠져 있다. 교회학교 아이들이 기독교 교육을 통해 성숙해져야 하는 이유를 선교와 전도 속에서 찾았기 때문이다. 지속적인 성장과 성숙에 동기를 부여할 수 있는 가장 완벽한 길은 전도와 선교밖에 없다. 궁극적인 목적지를 정하지 않고 사역할 때 오는 막막함은 경험해 보지 못한 사람은 모른다. 오랫동안 교육 목회를 하면서 열심히 가르치고 훈련을 해보면서, 그 막막함을 돌파할 유일한 출구를 발견한 것이다.

대부분의 교회학교는 선교와 전도를 교회학교의 부흥을 도모하는 단순한 도구로 이용하는 경우가 많다. 예를 들어 목회자나 교사가 아이들에게 다짜고짜 출석수를 300명으로 만들자고 했다고 하자. 아이들은 금방 목회자의 야망을 눈치 채고 따라주는 시늉만 하지 마음으로는 전혀 동조하지 않는다. 그러므로 이러한 구호나 도전은 금방 지치거나 도중에 포기하는 경우가 허다하다.

이러한 위험을 방지하기 위해 먼저 교회 주변에 있는 학교, 학생 수를 파악하고, 그 중에 불신자가 몇 명인지 조사해 보라. 교회 주변에 있는 교회의 수를 파악해, 자신의 교회학교가 담당해야 할 불신자 어린이와 청소년의 수를 가늠해 보라. 이렇게 수치를 산정해봐야 아이들은 그 마음속에 전도할 동기를 느끼게 된다. 이렇게 해서 세운 목표 수치야 말로 아이들을 전심으로 동조하게 만든다.

선교와 전도는 교회학교의 출석수를 늘리기 위한 수단이 아니다. 그것은 교회학교가 존재하는 근본이유며 핵심가치이자 원리다. 이러한 가치는 모든 조직과 예배와 공과와 프로그램 안에 배어 있어야 한다.

일시적인 행사가 아니라 지속적인 가치이기에 모든 행사와 조직을 이끌어가는 원리가 되어야 한다. 부서 안에도 이러한 선교적 가치가 배여 있어야 한다. 매주 예배를 드리고 공과공부를 하는 중에 선교 가치가 어떻게 하면 명확하게 드러날 수 있을지를 고민하라. 구체적으로 선교 가치를 담도록 구상하는 데 온 노력을 기울여야 건강한 교육 목회가 될 것이다.

{ 핵심가치 3 - 은사(Gift) }

은사에 대해 말할 때에는 재능(Talent)와 은사(Gift)를 구분해야 한다. 재능은 모든 사람이 태어날 때부터 지니는 보편적 은총의 성

중등부 교사 모임

격이다. 어떤 사람은 선천적으로 언어 감각이 뛰어난 사람이 있는가 하면 어떤 사람은 시 감각이 뛰어나고 어떤 사람은 공간 감각이 뛰어난 경우가 있다. 사람에 따라 다르고 성별에 따라 제각기 다르기에 재능은 은사와 구별된다.

은사는 재능과는 달리 이미 구원받은 사람에게 성령님이 사역자로 일을 시키기 위해 주신 것으로 후천적 성격이 강하며 선별해 주신 은총에 가깝다.

에베소서 4장 11-12절은 "그가 어떤 사람은 사도로, 어떤 사람은 선지자로, 어떤 사람은 복음 전하는 자로, 어떤 사람은 목사와 교사로 삼으셨으니 이는 성도를 온전하게 하여 봉사의 일을 하게 하며

 내게 영적인 은사가 있는가 ?

영적인 은사는 … 자연스럽게 나타난다.
다른 사람들도 느끼고 알려준다.
도움이 필요한 사람들이 내 주위에 몰려든다.

그리스도의 몸을 세우려 하심이라"고 말하며 은사를 주신 목적을 분명하게 말하고 있다.

교회학교 안팎에는 다양한 봉사 거리가 기다리고 있다. 교회학교만 들여다보아도 누군가는 예배를 안내하고 주보를 나누어주며 찬양을 인도하고 성가대에 참여해야 한다. 은사라는 핵심가치를 고려한다면 이러한 봉사를 세분화해 모든 구성원들이 각자의 은사를 활용해 봉사에 참여할 기회를 주어야 한다. 그 기회를 하나님과의 관계와 예배를 통해 공급받은 은혜와 사랑을 나누는 통로로 삼아야 한다. 흐르는 물은 썩지 않듯이 자신에게 임한 은혜와 사랑은 자연스럽게 타인에 대한 봉사로 흘러가야 썩지 않는다. 그 봉사를 통해 자신의 존재를 깨닫고 봉사하는 기쁨을 스스로 맛볼 수 있도록 교회학교는 구체적인 기회를 제공할 필요가 반드시 있다.

재능과 은사는 일치하지 않는 경우가 많다. 내성적인 사람에게 사역을 위해 성령님이 외향성을 은사로 주시는 경우를 보았다. 오히려 타고난 외향성보다 은사로 받은 외향성은 절제되고 다듬어진, 성숙한 외향성인 사례가 많다. 따라서 교회학교는 은사에 우선순위를 두되 재능을 고려해 사역을 배치해야 한다.

### 은사 발견 · 은사 개발 · 은사 재배치

교회학교에서 받은 은사대로 사역한다는 게 쉬운 일은 아니다. 많은 경우 은사 중심이 아닌 직위, 권위, 서열 중심의 직제가 커다란 장벽으로 자리 잡고 있다. 이런 상황에서 사역을 은사 중심으로 전환하려면 은사에 대한 확고한 목회철학과 그 목회철학을 실현하려는 일관성과 지속성이 필요하다. 사역자는 조급해 하지 말고 여유를 가지고 다음 세 가지 과정을 진행해야 한다.

> 첫 번째 과정: 은사를 발견하도록 실패할 기회를 주라.
> 두 번째 과정: 발견한 은사를 개발할 수 있도록 도와줘라.
> 세 번째 과정: 개발된 은사를 재배치해 은사를 극대화시켜라.

제일 먼저 거쳐야 하는 과정은 은사 발견이다. 어린 아이들에게 어떤 은사가 있는지 발견하기란 쉽지 않다. 어리다는 이유로 어른들이 일을 대신 해주어 아이들이 뭔가를 직접 해보는 경우가 드물기 때문이다. 하지만 아무리 어려도 아이들을 그리스도의 몸 된 교회의 지체로 인정한다면 그들의 작은 교회인 교회학교 안에서 그들이 지체로서 고유한 기능과 역할을 발휘할 수 있도록 세분화된 사역 기회를 반드시 마련해주어야 한다.

예를 들어 예배 후에 여기저기 흩어진 주보를 줍는 사역, 새 친구를 위해 신입생 축하 시간에 사탕을 전해 주는 사역, 절기 예배 때 현수막을 제자리에 거는 사역, 소그룹 모임 후에 자리 청소하는 사역과 같이 일을 철저하게 세분화하여 아이들이 모두 참여할 수 있게 하라. 아이들이 처음에는 쉽게 생각하다가도 점점 진지해지면서 공동체의 구성원이라는 정체성을 갖는 것을 보았다.

은사를 발견하기 위해 당연히 거쳐야 하는 과정이 있다. 그것은 실패해보는 일이다. 처음부터 자신의 은사에 딱 맞는 사역을 발견하는 아이들은 거의 없다. 한번은 주보를 나누어주는 일이 금방 지루해지고 예배당에 들어오는 모든 사람에게 인사하는 게 점점 어색하고 고통스러워 못하겠다고 말하는 아이들도 있었다. 처음 내가 은사 개념에 대해 익숙하지 않았을 때는 "이번 기회를 너 스스로 포기했으니 다음에 이런 일 할 생각은 아예 말거라" 하며 아이를 몰아붙인 기억이 난다. 그 후로 다시는 그 아이가 교회학교 안에서 일하는 것을 본 적이 없다. 지금에 와서 생각해보면 미안한 마음뿐이다.

새들백교회의 릭 워렌(Rick Warren) 목사는 그의 교회에 은사 사역이 자리 잡게 된 비결이 무엇이냐는 질문에 단 한마디로 답했다. "우리 교회에는 실패를 용납하는 분위기가 있습니다."

윌로우크릭교회의 빌 하이벨스(Bill Hybels) 목사는 은사 사역이 정착하는 데 필요한 '실패를 인정하는 분위기'를 다른 식으로 프로그램화 하여 실행했다. 일명 '맛보기 봉사'라는 사역이다. 처음부터 어느 한 사역을 완전히 정해놓고 정착시키는 게 아니라 다양한 사역에 맛보기 식으로 참여해보고 자신의 은사에 맞는 일을 발견한 후에 선택하게 하는 프로그램이다. 맛을 본 후 맛이 없으면 사먹지 않아도 된다는 관용의 은사 목회철학이 '맛보기'에 담겨 있다.

영적 은사를 가지고 있는지 없는지의 여부는 자연스럽게 나타난다. 자신이 어떤 은사를 가지고 있다고 우긴다고 해서 없는 것이 갑자기 생기는 것은 아니기 때문이다. 어떤 은사가 있으면 주변 사람들도 느끼고 당사자에게 알려줄 것이다.

그렇게 은사를 발견하고 나면 그것을 지속적으로 개발해야 한다. 다양한 사역을 해봄으로써 발견한 은사는 그 분야에서 일하면 일할수록 더욱 전문적인 은사가 필요함을 느끼게 된다. 그리고 은사대로 일하는 사역자 자신도 사역하면 할수록 점점더 깊이 알고 자라고 싶다는 필요를 느끼게 된다. 이를 위해 교회학교는 교사들과 아이들의 은사를 개발해 꾸준히 전문성을 키우며 섬길 수 있도록 돕는 시스템을 갖추어야 한다.

그런 다음 개발된 은사에 따라 인력을 재배치해 적합한 자리와 기능을 가지고 봉사할 수 있도록 해야 한다. 자리를 재배치하는 데서 끝내는 게 아니라, 그들의 은사가 지속적으로 최대한 활용될 수 있도록 재훈련의 기회를 주어야 한다. 그리고 자신이 은사를 활용해 섬기는 일이 교회학교 안에서 참다운 의미가 있으며 열매 맺고 있음을 계속 알려주고 깨닫게 해주어야 은사 사역이 지속될 수 있다. 이를 위해 이런 사람들을 모아 은사 사역자를 위한 수련회를 따로 열 필요가 있다. 은사 사역을 하며 보람을 맛본 사역자들의 간증을 들려주어 기쁨을 증폭시키는 과정이 필요하다. 그래서 나는 교사 전체 수련회나 교사 기도 모임이 있으면 이미 가르치는 은사를 가지고 섬기고 있는 사람들의 기쁨과 행복을 간증이라는 형식으로 나누는 자리를 마련하고 있다.

### 양육 교사와 사역 교사

소망교회 교회학교 교사는 사역 교사와 양육 교사로 나뉘어 있다. 예전에는 교사양성 과정인 교사대학을 졸업한 사람은 정교사로 불러 무조건 반을 맡겼다. 그리고 교사대학을 졸업하지 않은 교사에게는 반을 맡지 않는 보조교사 직을 주었다. 보조 교사들은 당시에 이른바 허드렛일을 하며 도우미 역할을 했다. 그러나 교사대학을 졸업한 교사들에게 무조건 정교사라는 이름을 붙여 반을 맡기고 보니 애로 사항이 생겼다. 정교사들 가운데 양육의 은사가 없거나 소그룹 반 운영에 몹시 미숙해서 반 아이들을 다 잃어버리는 교사들이 상당

수가 있었다. 결국 이런 교사들에게는 반을 주지 않다 보니 이들은 보조 교사로 전락해 상처를 입는 일이 일어났다.

  그래서 은사에 따라 교회학교 교사 조직을 재배치함으로써 이 문제를 극복하고자 했다. 정교사나 보조교사 대신 양육교사와 사역교사로 명칭을 바꿨다. 또 교사대학 이수 여부와 상관없이 은사를 고려해서 재배치 하기 시작했다. 사역교사들에게 성가대, 찬양팀, 시설팀, 드라마팀, 준비팀, 봉사팀, 임원단을 맡겼다. 이렇게 구분해 재배치했지만 몇몇 교사들은 반을 맡지 못했다는 상실감에 부서를 떠나는 일이 일어났다. 반드시 반을 맡아 아이들을 양육해야 제대로 된 교사라는 고정관념을 떨쳐버리지 못했기 때문이었다.

  이 문제를 지혜롭게 해결할 필요가 있었다. 나는 먼저 반 양육을 하지 않는 부장, 부감, 총무, 회계, 서기를 비롯한 임원 교사들을 사역 교사라고 부르기 시작했다. 부장 장로님이 먼저 스스로를 사역 교사라고 부른 것이 계기가 되어 사역 교사와 양육 교사의 역할과 위상이 차츰 정착해가기 시작했다. 이 일을 계기로 양육 교사들이 마음껏 양육에만 전념할 수 있도록 수련회나 성경학교, 찬양팀, 성가대, 예배 준비 등 모든 프로그램을 책임지는 사역 교사들을 존중하는 분위기가 잡혀갔다. 지금은 은사 구분이 거의 정착 단계에 접어들었다.

  초기에는 연세가 좀 들었거나 사회에서 지위가 좀 있는 교사들이 으레 고학년 반을 맡아야 한다는 분위기가 있었다. 그러나 양육 교사들 가운데서도 어느 연령대의 아이들에게 관심이 있고 끌리느냐에 따라 학년 담임이 결정된다.

이런 이야기를 다른 교회학교에 가서 하면 "우리는 교사 수가 부족해 양육이니 사역이니 나눌 여유가 없다"는 이야기를 한다. 그러나 교사가 없다고 해서 양육의 은사가 없는 이에게 반을 맡기면 분명히 그 아이들을 다 잃어버리게 될 것이다. 일관성을 가지고 양육의 은사를 가진 사람에게만 양육을 맡기겠다는 자세가 교회학교를 건강하게 만들 것이다.

## { 핵심가치 4 - 성장(Growth) }

소수의 탁월한 사역자에게만 의존하는 교회학교에서 벗어나는 비결은 성장과 양육에 가치를 두고 사람을 지속적으로 양육하는 시스템을 갖추는 데 있다. 교회학교는 예배, 소그룹 모임, 수련회, 여러 절기 행사, 봉사 활동 등을 갖는데 이런 활동들 안에는 반드시 성장과 양육에 대한 가치가 들어 있어야 한다. 수련회를 무사히 마친 것에 만족하지 않고 이를 통해 양육과 성장이 얼마나 이루어졌는지, 성장을 고려한 목회적인 의도가 있었는지 점검할 필요가 있다.

교회학교의 어린이와 청소년들은 한 차례에 그치는 경험이나 행사로는 신앙의 성숙을 이루기 힘들다. 의도성을 가지고 지속적으로 양육해야 그들의 신앙을 성숙함으로 이끌 수 있다. 이것의 바로 성장의 가치다.

### 솔직히 우리 애들이 겁나요

소망교회 교회학교 안에서 성장의 가치를 실현하기 위해 슬로건으로 내건 말씀은 이것이다. "지킬 때까지 가르치라." 지킬 때까지 가르치는 위대한 방법은 중요하게 생각되는 점을 반복하는 것이다. 반복하면 외우게 되고, 외운 내용은 생각을 지배해 습관을 바꾸게 된다. 그리고 마침내 삶이 바뀌어 성장하게 된다.

성장에 가치를 두고 청소년, 청년 사역을 할 때 얻은 결과와 열매는 대단했다. 사실 누군가 청소년, 청년 사역과 성인 사역 중에 어느 사역이 쉬웠느냐고 묻는다면, 나는 주저 없이 성인 사역이라고 말한다. 성인들은 가르칠 때마다 이렇게 외친다. "목사님 모르겠는데요. 기억이 안 납니다. 다시 말씀해주세요 …." 항상 이런 식이다. 말씀과 사역을 재탕해도 모르니 전혀 부담이 없다. 물론 내게는 부담이 없으나 그들의 성장에는 전혀 도움이 되지 않는 일이다.

그러나 청소년, 청년 사역은 전혀 달라서 성장에 가치를 두고 사역하면 할수록 부담이 늘어난다. 청소년과 청년들이 매일 내게 이렇게 외친다. "목사님, 지난주에 하신 말씀대로 해보았어요. 그렇게 살아보았어요. 살아보니 되던데요. 그 다음은 어떻게 할까요? 그 다음은요 …." 이러면 정말 겁도 나고 징그럽습니다. 그 말이 꼭 '당신도 그렇게 살아보았느냐'는 소리로 들리고 그들과 같이 다음 진도를 나가자는 거룩한 도전으로 들린다.

### 완성품을 쓸까? 만들어 쓸까?

가장 강력한 시스템을 갖춘 교회학교는 신앙이 아주 연약한 사람이 성숙한 사람으로 자라나 리더로 서가는 과정이 선명하게 보이는 공동체다. 결국 공동체 안에서는 연약했으나 성숙해진 그 사람이 공동체의 건강한 모델로 설 것이고, 다른 연약한 사람들이 그를 바라보며 희망을 가지고 새로운 성장에 도전할 것이기 때문이다.

6년 전에 어느 교회에서 하는 큐티 세미나에 참석했다. 사흘간 진행된 세미나에 수천 명의 목회자들이 몰려들었다. 그런데 강사가 평신도임을 알고 대부분의 목회자들은 팔짱을 끼고 강의를 들었다. 얼마나 잘하나 보자는 의미였다. 예측과는 반대로 평신도 강사의 강의는 어느 목회자의 것보다 더 전문성을 띠었고 구체적인데다 체험이 묻어났다. 그 후 나는 그 집사님을 우리 교회학교에 초청해 교사들을 대상으로 큐티 강의를 부탁하고 나서 이렇게 물어보았다. "집사님은 큐티 강의를 하신 지 몇 년이나 되셨습니까?" "10년 되었습니다." "그러면 10년 전에도 이렇게 강의를 잘하셨어요?" 그랬더니 집사님은 10년 전에 처음으로 자신이 다니는 교회에서 큐티 강의를 개설했더니 교인들이 50여 명이 참석했다고 한다. 그런데 다음날에는 다 도망가고 열 명 정도가 남았는데 그래도 이를 악물고 마지막 날까지 강의를 진행했다고 한다. 자신이 생각해도 못 들어줄 정도로 전달력이 부족했고 내용도 빈약했다는 말이었다. 그 말을 들으니 미숙한 아마추어 사역자를 포기하지 않고 강의할 수 있는 기회를 10년 동안이나 주며 기다려준 그 교회의 시스템이 정말이지 부러웠다. 그러한 시스템이 탁월한 큐티 사역자를 키워낸 것이다.

우리 교회에도 이를 실천하기 위해 외부 강사를 초청해 청소년 부서의 특강을 부탁하고, 수련회를 진행하는 풍토를 바꿔 보기로 했다. 먼저 교회학교 안에 있는 교역자들과 교사들에게 관심 있는 분야를 선택해 강의를 해보라고 했다. 11명의 교사들이 리더십, 큐티, 중보기도, 영적 전쟁, 단기선교, 성경파노라마, 제자훈련, 학교복음화 전략, 전도, 예배, 찬양 인도법을 선택했다. 그들이 선택한 주제를 마음껏 연구할 수 있도록 교회학교가 각 주제별 관련 서적 20여 권씩을 각각에게 사주었다. 외부 강사들에게 줄 강사비로 그들이 선택한 주제와 관련된 세미나에 그들을 보내기 시작했다. 이러한 준비를 1년간 한 후 어느 해 청소년 수련회에서 외부 강사를 전혀 쓰지 않고 내부 교사들을 중심으로 강의를 개설하고 아이들이 강좌를 선택하는 방법을 써보았다. 그 어느 해보다 교사들이 치열하게 연구하고 준비한 수련회였으나 막상 뚜껑을 열어보니 아이들이 실망할 정도로 교사들의 수준은 엉성했다. 강의 내용은 좋았으나 다들 너무나 긴장했고 강의에 익숙하지 않아 전달이 엉망이었다.

그러나 수련회를 마친 후 평가회에서 그 어느 수련회보다 자신의 신앙 성장에 도움이 되었다는 결론이 나왔다. 그리고 수련회 때 강사로 섰던 교사들에게 매 학기마다 가진 토요 제자훈련 시간에 다시 강의할 기회를 주었다. 그랬더니 이제는 그 분야에 관해선 목회자인 나보다 더 전문적인 강의를 할 수 있는 사역자로 빠르게 성장했다. 이것이 바로 성장 시스템의 위력이다.

이러한 분위기까지 온 후 교사들의 계속적인 성장을 독려하기 위해 제도 하나를 마련했다. 그 다음해 수련회에는 소그룹 성경공부 시간에 교사들이 아이들을 선택하는 게 아니라, 아이들이 교사를 선택하게 해보는 교사 선택제를 해보았다. 교회학교 시스템마다 사실 교사가 아이들을 선택하는 것이 현실이다. 이 제도를 제안했더니 처음에는 난리였다. 좀 자신 없어 하는 교사들은 "아이들이 잘못 선택하면 어떻게 합니까"라고 물었다. 외모만 보고 젊은 교사들만 선택하면 어떻게 하느냐는 말이었다.

그러나 매일매일 교사를 바꿀 기회를 주면 아이들은 생각이 달라진다. 처음에는 재미있을 것 같고 놀아줄 교사만 선택하다가 수련회의 은혜가 더해갈수록 자신을 진실로 사랑해주고 간절히 기도해주는 영성 있는 교사 앞에 줄을 선다. 아이들은 귀신같이 어떤 교사가 자신의 영적인 성장에 도움을 줄 수 있는지 알아낸다. 재미만 있는 교사들은 며칠 만에 아이들에게 버림을 받았다. 재미만 가지고서는 아이들을 하루 종일 감동시킬 수 없는 한계에 부딪친 것이다. 이것도 교사들에게 성장을 위한 좋은 자극제가 되었다.

{ 핵심가치 5 – 소그룹(Group) }

교회학교에 필요한 마지막 핵심가치는 소그룹이다. 소그룹의 가치는 목회자의 역할을 교사와 아이들에게 위임하는 데 있다. 즉, 교사와 아이들의 은사를 개발하여 목회자의 손길이 미치지 못하는 곳까지 교사와 아이들이 직접 돌보고 섬기는 일을 가능케 하는 게 하는 게 소그룹 활동이다. 큰 그룹 안에서는 구성원들이 목회자와 일대일로 만나 의미 있는 관계를 갖기가 거의 불가능하다. 모임의 규모가 어느 정도 커지면 목회자나 교사가 직접 학생들을 돌볼 수 있는 한계를 넘어서기에 아이들을 소그룹의 리더로 삼아 그들이 직접 양육과 돌보는 일을 하는 것이 바로 소그룹 사역의 핵심이다.

사실 교회학교의 목회자란 직접 아이들을 만나고 상담하고 성경

초등2부 소그룹 성경공부 모습

공부 인도하라고 부름 받은 사역자가 아니다. 오히려 교사들이나 아이들을 리더로 발굴하고 성장시켜 그들이 자생력을 가지고 그들의 소그룹을 목회하도록 훈련시키는 게 훈련 사역자가 할 일이다. 모든 사람들을 만나 상담하고 가르치고 양육하는 일이 불가능하기 때문이다. 이러한 소그룹 사역을 처음 시작한 분이 예수님이시다. 예수님은 소그룹 사역을 통해 전 세계의 복음화를 앞당기셨다.

소그룹의 가치가 담고 있는 교회교육의 목적은 소그룹 구성원들의 삶이 변화하는 것이다. 삶의 변화를 효과적으로 이루려면 교회교육은 최적의 환경을 제공해야 하는데 그런 환경이 바로 소그룹이다. 사실 대그룹을 통해 삶의 변화를 효과적으로 이루기는 어렵다. 그러므로 소그룹은 선택 과목이 아니라 필수 과목에 해당하는 가치다. 교회학교가 건강하고 기본 체질이 강해지려면 이러한 소그룹이라는 하부 구조가 튼튼하게 받쳐주어야 한다.

현재 교회학교는 시간과 공간의 제약 때문에 모든 프로그램들을 대그룹 중심으로 진행하고 있다. 전체가 모여 드리는 예배가 모든 교육 내용의 중심이며 그 후 잠시 소그룹 모임을 가지고 마치는 게 고작이다. 이러한 교육 구조 속에서는 삶의 변화를 효과적이며 지속적으로 이루기에는 어려움이 많다. 소그룹 성경공부를 할 때도 구성원이 여러 명이다보니 만남이 형식적이고 지식만 전달하는 시간이 되며 일방적인 관계로 끝나기가 쉬운 게 현실이다. 이것은 교회학교의 활성화를 위해 반드시 해결해야 할 과제다.

### 소그룹 가치 이식

소그룹이 공동체 안에 중요한 가치로 뿌리 내리기 위해서는 두 가지 요소가 필요하다.

첫째, 최고 리더가 철저하게 소그룹을 중시하는 목회철학을 가져야 한다. 성도의 은사론과 교회의 지체론을 가지고 소그룹 중심의 목회를 실천해야 하며 소그룹 자체를 교회 안의 작은 교회로 인정해야 한다. 소그룹들이 수단이나 도구가 아니라 작은 교회로서 역할과 기능을 충분히 할 수 있도록 도와야 한다.

그리고 큰 교회인 대그룹과의 대립이나 마찰을 피할 수 있도록 조정하는 역할을 해야 한다. 최고 리더인 목회자가 소그룹에 직접 참여하여 핵심 리더에 해당하는 교사들을 소그룹 지도 이론과 실천에 따라 지속적으로 양육하여 성장하도록 도와야 한다. 목회자와 교사는 직접적인 소그룹 인도와 양육을 통해 소그룹의 중요성과 열매를 직접 경험해보는 것이 중요하다. 소그룹 사역을 하는 가운데 실제 경험한 내용을 설교와 가르침 속에서 교사나 아이들에게 나눌 때 확신 있는 가르침이 될 것이다.

둘째, 목회자가 직접 섬기는 핵심 리더들도 하나의 완벽한 소그룹 형태로 운영되어야 한다. 목회자는 핵심 리더들을 양육해서 성장시키고 핵심 리더들을 통해 또 다른 소그룹들이 양육되는 시스템을 갖추어야 한다. 최고 리더는 핵심 리더 그룹인 교사나 학생들을 계속 만나고 격려하며 성장하도록 돕되 그들이 지속적으로 자랄 수 있는 가장 좋은 환경은 위임이라는 것을 알아야 한다.

처음부터 위임하라는 말은 아니며 어느 단계에 이르면 완전히 신뢰하며 일을 맡기고 재량권을 주는 게 중요하다. 목회자가 소그룹을 인도할지라도 그 핵심 리더 그룹 안에서 팀원들이 합의를 이룰 때까지 모든 결정을 기다리는 풍토를 만들어야 소그룹의 가치를 공동체 안에 심을 수 있다.

네 가지 그물 중 제일은?

교회학교 안에는 새로 온 아이들을 낚는 네 가지 그물이 있다. 한 아이가 교회학교 공동체에 들어오면 다음 네 가지 그물을 쳐서 교회학교에 정착할 수 있도록 돕는다. 첫 번째 그물은, 대그룹인 예배를 통해 아이들이 문화적인 충격 없이 하나님을 경험하고 예배드릴 수 있도록 배려하는 것이다.

두 번째 그물은, 성가대, 찬양팀, 봉사팀, 해외선교팀, 제자훈련팀 등과 같이 팀 사역을 하는 이들이 함께 봉사 활동을 하거나 예배를 돕는 사역을 하며 정착할 수 있도록 하는 것이다.

세 번째 그물은, 또래 모임으로서 같은 연령이나 같은 학교와 학년 중심으로 한 달에 한 번씩 정기적인 만남을 가져 동기간에 친밀감과 교제를 나눌 수 있도록 돕는 것이다.

마지막 그물은, 소그룹 성경공부로서 반이라고 말할 수 있는데 교사가 성경을 가르치고 양육하는 것이다. 교사가 아이들에게 개인적인 관심을 가지고 개개인의 필요를 정확히 찾아내 그들의 상처를 치유하고 말씀을 구체적으로 적용하여 삶이 변화하도록 도울 수 있는 최선의 시스템은 소그룹 성경공부반이다.

사실 처음에는 목회자인지라 아이들이 예배를 좋아해 교회에 정착하는 것을 꿈으로 삼았다. 그러나 시간이 가면 갈수록 새 신자는 증가하는데 모두 빠져나가 정착률이 떨어지는, 이른바 '뒷문을 막지 못하는 누수 현상'이 나타났다. 예배 시간에 은혜와 도전을 받지만 이것을 지속시키고 삶으로 이어지게 하며 그들이 개인적으로 지치고 힘들 때 가까이에서 관심을 갖고 도울 수 있는 시스템이 미비하다는 것을 발견했다. 대그룹이 아무리 좋아도 대그룹으로 갖는 한계가 있음을 절감한 것이다.

예배, 사역 조직, 또래 모임, 반. 이 네 가지 그물 중에서 아이들을 제일 많이 정착시킨 그물은 반이라 불리는 소그룹 성경공부였다. 소그룹 성경공부 반이 제일 탁월한 그물이라는 점은 그 교회학교가 건강하다는 증표다. 목회자나 교사들은 이 네 가지 그물 가운데 어느 곳에 가장 많은 관심과 투자를 들이고 있는지 점검하고, 소그룹 성경공부를 통해 아이들이 교회학교에 관심을 갖고 정착하는 일을 꿈꾸어야 한다.

# 7장
# 비전 — 교회학교는 목적지가 있어야 한다

 교회학교의 비전이란 곧 궁극적으로 나아가야 할 목적지다. 목적지가 뚜렷해야 함께 나아가는 사람들이 힘들지 않다. 비전은 사역을 통해 최종적으로 거두는 열매와도 같다. 농부가 봄의 파종과 여름의 김매기와 가을의 수확의 고통을 기꺼이 이길 수 있게 해주는 원동력은 바로 열매에 대한 기대다. 건강하고 잘 굴러가는 교회학교들을 보면 예외 없이 자신들만의 고유한 비전을 가지고 있음을 본다. 그리고 비전을 아주 전략적으로 공동체 구성원들과 공유하고 있다. 교회학교가 기대하고 바라보며 나아가야 할 비전에 대해 함께 나누어 보자.

{ 비전 1 – 은혜와 감동(치유와 회복)이 있는 교회학교 }

교회학교의 첫 번째 비전은 은혜와 감동과 사랑을 통해 아이들의 상처와 아픔을 치유하는 공동체를 이루는 것이다. 교회학교가 세상처럼 지식이나 전달하고 재미있게 놀고 사람 사는 처세술 정도나 가르치는 곳이 되어서는 소망이 없다. 세상이 절대로 줄 수 없는 선물을 교회학교가 주어야 한다. 지식 전달은 학교와 학원으로 족하다. 재미있는 놀이는 PC방이 해결해준다. 처세술은 아이들끼리 놀면서 어느 정도 습득할 수 있다. 그러나 그들이 세상과 가정에서 받은 상처와 아픔을 치유해줄 곳은 세상 어디에도 남아 있지 않다. 교회학교가 바로 그 몫을 담당해주어야 한다.

보이는 게 전혀 다른 안경

교회학교가 세상과는 전혀 다른 가치와 관점으로 아이들을 바라볼 때, 아이들은 감동받고 회복되며 치유 받는 일이 일어난다.

키도 눈도 작고 뭐하나 내놓을 게 없는 나는 주일학교 때 하나님을 원망하며 살았다. 그런데 주일학교의 한 선생님만은 나를 전혀 다른 시각으로 봐주셨다. 그 여선생님은 하루는 나를 무릎에 앉히더니 "동일아, 키를 꼭 땅에서 재란 법이 어디 있니? 아마 하나님이 키를 재시면 하늘에서 잴걸? 땅에서 재야 한다는 편견을 버리렴. 그리고 키 작은 것 때문에 하나님께 감사할 일이 꼭 한 번은 있을 거야. 눈 큰 동물치고 경주에서 이기는 동물은 없단다. 눈이 작아야 앞만 보고 뛸 수 있거든. 너는 아마 앞으로 모든 일에 제일 앞장서는 사람이 될 거야'라고 말씀해주셨다. 집에 와서 생각해보니 선생님 말씀대로 키를 재면, 내가 가장 컸다. 그 후, 나는 교회에서 조용히 말씀 듣고 예배를 준비하는 일에 첫째가 되었다. 엄청난 감동을 받아 그런 반응을 보인 것 같다. 한번은 나보다 20센티미터나 큰 친한 친구에게 이렇게 말할 정도가 되었다. "너는 나한테 엄청 감사해야 해. 키 작은 내가 있어 키 큰 네가 돋보이는 거야." 이 모든 게 다른 시각으로 나를 볼 수 있게 해주신 선생님 덕분이었다.

몇 년 전 소망교회 교회학교의 여름성경학교 주제는 '고치시고 싸매시는 예수 그리스도'였다. 교육목사인 나는 각 부서 성경학교 현장을 다녔는데, 마침 한 부서가 성경학교를 마치고 파송예배를 드리고 있었다. 고치시고 싸매시는 예수 그리스도의 사역에 대한 예배와 말씀이 끝난 후 '몰래 카메라'라는 영상 코너를 마련해 성경학교 마무리 프로그램으로 진행하는 것을 보았다. 아이들이 예배 시간에 조는 모습, 줄 안 서고 새치기하는 모습, 기도 시간에 눈뜨고 있는 모습, 프로그램에 참석하지 않고 도망가서 노는 모습이 담긴 영상이었다. 재미는 있었지만 감동과 은혜는 없었으며 고치고 싸매는 내용이 아니라 상처 내고 험담하는 내용이라 안타까웠다.

교사대학에서 강의를 듣는 교사들

그래서 그 부서 사역자에게 앞으로 다른 모습을 찍어보자고 제안했다. 예배에 전혀 집중하지 않는 아이가 어쩌다 손들고 찬양하는 모습, 주위가 산만하고 떠들기 좋아하는 아이가 어쩌다 손을 모으고 기도하는 모습, 이기적인 아이가 어쩌다 바닥에 떨어진 휴지를 주우며 청소하는 모습, 싸우기 좋아하는 아이가 어쩌다 한 번 남을 돕는 모습을 찍어보자고 말이다. 나중에 카메라 담당 교사가 사흘에 걸쳐 그런 내용으로 영상을 찍고는 이렇게 말했다. "목사님, 사흘간 찍었는데도 4분 분량밖에 못 채웠어요. 이렇게 힘든 줄 몰랐어요." 그렇게 힘들게 만든 영상을 마지막 파송 예배 후 상영했는데, 두 가지 놀라운 일이 일어났다. 평소에 말썽꾸러기로 소문난 아이들이 그 영상의 근사한 주인공이 되었고 등장인물들이 감동을 받으며 자존감이 살아나는 경험을 했다. 그 아이들은 성경학교 이후에 그 부서의 스타가 되었고 놀라울 정도로 변화된 모습을 스스로 보았다.

카메라를 찍은 교사의 간증은 더 놀라웠다. 평소 행실이 썩 좋지 않다고 생각한 아이들이 어쩌다 한 번 잘하는 모습을 찍으려고 사흘 간 지켜보면서 사람을 보는 시각이 완전히 바뀌었다는 고백이었다. 하나님의 안경이 바로 그러한 안경일 것 같다는 간증을 했다. 그 간증으로 그 날의 예배 가운데 모두들 놀라운 감동과 은혜 속에서 고치시고 싸매시는 예수님을 경험하게 되었다.

### 영적 아빠 영적 엄마

이전에 있던 교회는 1년에 한 번씩 교사가 반을 바꿨다. 그런데 이런 시스템에서는 교사가 지식을 전달할 수 있을지 몰라도 지속적인 양육과 돌봄으로 아이들의 영적 아버지 또는 영적 어머니가 되기는 힘들었다. 이제부터 교사가 한 번 반을 맡으면 3년씩 담임을 해보라고 제안을 했더니 한 사람도 예외 없이 모든 교사들이 반대하고 나섰다. 이유인즉 부담이 된다는 것이었다.

어떤 교사들은 나 같은 못난 교사 만나서 아이들이 1년 고생하는 것도 미안한데 어떻게 3년간 고생시키겠느냐고 솔직하게 말하기도 했다. 하지만 교사와 학생이 아비와 자식 간의 양육 관계가 되려면 1

년마다 반을 바꿔서는 어렵지 않겠느냐고 겨우 설득해 마침내 3년 담임제를 시행하게 되었다. 3년 동안 어려움이 많았지만 다음과 같은 좋은 결실이 있었다. 먼저 매년 연말마다 생기는 영적 누수 현상이 더 이상 생기지 않았다. 매년 9월쯤 되면 차츰 반 아이들에 대한 교사의 마음이 떠나고, 다음 해에 새롭게 만날 아이들이 기대되는 양육 누수 현상이 나타나지 않았다. 오히려 연말에 아이들이 교회를 떠날까봐 긴장하여 더욱 정성껏 돌보는 모습이 나타났다. 그리고 3년간 같은 아이들을 대하다보니 같은 예화나 가르침을 반복하는 것을 부끄럽게 여기며 교사들이 스스로 책을 찾아서 읽고 연구하는 분위기가 형성되어 교사들의 신앙이 놀랍게 성장했다.

한 반을 3년 동안 맡아 양육하는 가운데 하루는 결혼할 시기를 한참 넘긴 노처녀 선생님이 나를 찾아왔다. 그 선생님은 내가 보기에도 결혼할 가능성이 아주 희박함에도 언제나 결혼에 대한 기도를 부탁하는 분이었다. 그 선생님이 나를 찾아온 이유는 자신에게 온 반 아이의 메일을 자랑하기 위해서였다. 그 메일에는 이런 글이 적혀 있었다. "선생님만 보면 저는 언제나 기분이 좋아요. 힘들 때 보고 싶고 찾아가고 싶은 분이 있어 제가 얼마나 행운아인지 모르셨죠? 선생님이 바로 저의 행운이랍니다. 선생님이 제 엄마 같아요. 정말로…" 대략 이런 내용이었다. 이 글을 보여주는 선생님의 눈에는 이슬이 맺혀 있었다. "목사님, 저는 평생 엄마라는 말 한 번 들어보지 못할 줄 알았어요. 그런데 오늘 우리 아이한테 엄마라는 말을 들었어요. 이 메일을 받고 얼마나 가슴이 뛰는지 몰라요." 3년 동안 같은 아이들을 데리고 씨름을 하면서 마음고생을 많이 했겠지만, "엄마"라는 말은 3년 동안 같은 반을 담임한 데에 대한 열매였다.

교회학교와 소그룹 사역에 치유와 회복의 역사가 일어나려면 교사가 먼저 아이들과 많은 시간을 보내며 씨름해야 한다. 서로 탐색하면서 알아보는 데 3개월, 서로 마음 터놓고 이야기할 관계 맺는데 6개월, 서로 익숙하게 사랑을 표현하는 방법을 익히는 데 3개월, 합하여 꼬박 1년이 걸린다. 그런데 겨우 사랑을 나눌 수 있게 될 때, 반을 바꾸면 치유와 회복이 일어나려다 마는 악순환이 계속될 뿐이다. 재미와 신선함을 유지하려면 반을 1년에 한 번씩 바꾸는 게 좋다. 하지만 아이들을 감동과 은혜로 치유하고 회복시키는 교회학교가 되려면 이러한 구조에 변화가 필요하다.

## { 비전 2 - 리더를 양성하는 교회학교 }

하나님은 사람을 통해 일하신다. 전도를 하더라도 사람을 통해 하신다. 교회와 세상을 바꾸는 것도 사람을 통해 하신다.

그러므로 교회학교는 교회와 세상 공동체를 이끌어갈 소수의 사

 리더 훈련은 습관 훈련이다

리더로서 가져야 할 신앙, 삶의 습관을 완전히 체질적으로 습득하도록 아이들을 목회자와 교사들이 돕는 일이 리더 양성 과정에 반드시 필요하다. 예수님이 열두 제자들을 제자 삼을 때 쓰셨던 방법은 강의가 아니라 같이 사는 것이었다. 삶 전체를 보여주시고 그들이 예수님이 사셨던 생활과 습관이 익숙하도록 도우셨다. 이것이 제자훈련과 리더 훈련이었다.

람을 양성해내는 비전이 있어야 한다. 예수님은 5천 명 중에서 12명을 따로 뽑으셨고 그들을 제자로 삼으셔서 함께 먹고 자며 훈련시키셨다. 예수님이 공생애 기간에 가장 많은 시간과 열정을 쏟으신 사역은 기적과 병 고침과 가르침이 아니었다. 12명을 제자 삼아 그들과 함께 거하며 양육하는 사역이었다. 2천 년이 지난 기독교 역사가 지금에 와서 보면, 예수님이 제자 삼는 사역에 집중하심이 온 세상을 복음화하는 데 가장 효과적인 방법이었음이 증명되었다.

사실 사람을 리더로 길러내는 일은 교회학교 사역 가운데 가장 어려운 일이다. 시간도 많이 걸리고 재정도 행사 때보다 더 투자해야 한다. 그렇다고 사람을 길러내는 일을 하지 않는다면 공동체의 미래는 없다. 농부가 울며 씨를 뿌리는 심정으로 다음 세대를 책임질 리더를 키워내는 일이 우리의 소명과 비전이다.

 리더 훈련은 부모의 도움 없이 불가능하다

아이들의 습관 훈련을 위해 부모의 도움이 필수적이다. 아이들이 가장 많은 시간을 보내는 곳은 가정과 학교다. 그리고 그들의 생활 습관에 가장 큰 영향을 끼치는 사람은 부모다. 부모의 습관이 곧 아이들의 습관이기 때문이다. 교사들과 목회자들은 아이들의 가정을 매번 방문해서 그들의 습관을 지도할 수 없다. 따라서 아이들의 부모가 그들이 말씀 묵상과 중보기도, 물질 사용에 대한 구체적 실천을 할 수 있도록 옆에서 돕고 동참해야 한다.

한번은 어린이 부서에서 고난주간 동안 텔레비전을 보지 않기를 실천해 보았다. 이때 부모들이 동참하여 텔레비전을 켜지 않은 집은 아이들도 쉽게 텔레비전 보지 않기를 실천할 수 있었다. 그렇게 일주일을 보내고 난 부활주일에 아이들은 스스로 텔레비전 없이도 근사하게 살 수 있다는 고백을 했다.

또래의 영향력 〉 교사의 영향력

교회학교 안에서 교사보다 또래 가운데 영성이 탁월한 아이가 공동체에 미치는 영향력이 훨씬 크다. 교사는 예수님의 방법으로 소수의 아이를 선별하고, 리더로 양육해 그가 또래 그룹 안에서 리더의 기능과 역할을 감당하도록 신앙 과외를 시킬 필요가 있다. 교사가 직접 아이들에게 영향력을 행사하는 것보다 리더로 양성된 아이를 통해 전체에 영향력을 미치는 구조를 만들어야 한다.

몇 년 전 청소년 여름 수련회에 그룹 성경공부 인도를 교사가 아니라 아이들에게 맡겨본 적이 있다. 먼저 자원하는 학생 조장들을

 핵심리더 훈련일지 1

■ 핵심 리더 훈련 목적
평준화 교육이 아니라 핵심 리더 양육을 통해 또래 그룹 안에 탁월한 리더를 양성하여 아이들 스스로 자신이 속한 그룹 안에서 영향력을 발휘하여 공동체를 효과적으로 변화시키는 데 있다.

■ 핵심 리더 훈련 원리
① 지식위주의 훈련이 아니라 삶의 습관 변화에 초점을 맞춘다.
② 주일 이외 시간에 따로 시간을 내어 훈련을 한다.
③ 습관 변화가 되도록 구체적이며 실제적인 도움을 준다.
④ 교사들도 동일한 훈련 과정에 참여한다.

■ 핵심 리더 훈련 과정
① 훈련 기간 : 10주간, 매주 토요일 3시-6시
② 훈련 과정 : 찬양(30분), 강의(1시간), 조별 토의(30분), 전체 중보기도(30분), 교사의 과제 점검(30분)
③ 훈련 과목: 크리스천 리더십, 영적전쟁, 중보기도, 큐티, 세상에서 그리스도인으로 사는 법, 건전한 자아상, 찬양과 경배, 하나님이 기뻐하시는 예배, 아웃리치

지원받아, 그들이 수련회에서 인도할 소그룹 성경공부 내용을 교사들이 따로 교육시켰다. 이때 한 번 하면 되는 일을 왜 아이들을 거쳐서 두 번씩 일하게 하느냐는 교사의 불평도 있었고, 아이들이 직접

핵심리더 훈련일지 2

■ 핵심 리더 훈련 시 유의사항

① 훈련 과정 중 학교 성적이 떨어지지 않도록 관리해야 한다.
② 구체적으로 큐티나 중보기도하는 습관이 들도록 점검하고 돕는 관리 시스템을 갖추어야 한다.
③ 부모의 도움을 받아야만 습관의 문제를 고칠 수 있다.
④ 아웃리치를 통하여 훈련받은 내용을 단기간 집중적으로 실습하는 과정을 갖는다.
⑤ 핵심 리더 학생들을 양육하기에 앞서서 핵심 리더 교사를 교역자가 먼저 양육해 놓아야 한다.
⑥ 주일 사역에 지장이 되지 않도록 교역자와 교사는 시간과 에너지를 잘 안배해야 한다.
⑦ 어떠한 프로그램으로 진행하면 반드시 실패하지만 교회학교의 존재 목적과 깃발로 삼으면 이런 과정을 정착시킬 수 있다.
⑧ 핵심 리더 훈련을 거친 리더들이 공동체 안에 리더로서 섬길 수 있도록 시스템을 갖추어야 한다.

가르치면 성경공부의 질이 떨어진다는 우려도 있었다.

조장 아이들은 책임감과 생전 처음 성경공부를 인도한다는 거룩한 부담감으로 그 어느 때보다 긴장하여 말씀에 집중했다. 아이들은 교사들보다 어설프게 조별 성경공부를 인도한 게 사실이다. 하지만 놀라운 것은 그해 수련회 후에 조장들의 신앙과 자세가 몰라볼 정도로 성장했다는 점이다. 그렇게 성장한 조장들은 다른 조원들에게 좋은 영향력을 끼쳤다.

### 리더의 필수 과목: 영성과 전문성

영성은 있으나 실력이 없으면 세상에서 무시당한다. 우리는 예수 믿는다는 이유로 세상에서 핍박과 고난을 받을 수 있다. 그러나 무시를 당해서는 안 된다. 실력 있는 사람이 되어야 한다.

교회학교에서 리더를 양성하려면 아이들에게 영성과 함께 실력을 키워야 한다는 점을 꼭 가르쳐야 한다. 공부를 해야 하는 이유와 목적을 가르치는 수련회를 해본 적이 있다. 3박 4일간 수련회를 진행하는 동안에 매일 네 시간씩 아이들에게 학과 공부를 하게 했다. 아이들을 모아놓고 먼저 찬양한 후 자신이 어떤 분야에 쓰임 받고 싶은지 기도하도록 했다. 그리고 성령님이 지혜와 명철을 주시어 집중력 있게 공부할 수 있게 해달라고 기도하고 취약한 학과 공부를 시작했다. 왜 공부를 해야 하는지, 왜 리더에게 실력이 필요한지 일깨워 달라고 기도했다. 아이들이 공부할 때 교사와 목회자는 뒤에서 중보 기도를 했다. 저 아이들에게 영성과 실력을 주시어 세상을 뒤엎을 만큼 영향력이 있는 사람이 되게 해달라고 말이다.

수련회 마지막 날 간증 시간에 아이들은 이구동성으로 자신이 지금껏 공부를 해왔지만 이전과는 전혀 다른 느낌으로 공부했다고 고

### 핵심리더 라이프스타일 점검표

| 점검할 사항 | 했어요 | 조금 못했어요 | 많이 못했어요 | 안했어요 |
|---|---|---|---|---|
| 건강관리하기 | | | | |
| 훈련에 성실히 참여하기 | | | | |
| 수업 전 말씀 보기 | | | | |
| 전도하기(2명 중 몇 명?) | | | | |
| 로마서 ( 장/16장 중)장 쓰기 | | | | |
| 말씀 암송( 개/30개 중) | | | | |
| 공부시간 확보(5시간) | | | | |
| 말씀 핸드폰, 메일로 전달하기 | | | | |
| 성경 가지고 다니기 | | | | |
| 부모님께 효도하기 | | | | |
| 헌금을 새 돈으로 준비하기 | | | | |
| 이삭줍기 헌금하기 | | | | |
| 11시 중보기도하기 | | | | |
| 다른 사람 칭찬하기 | | | | |
| 선교지를 위해 기도하기 | | | | |

하지못한 이유?

---------------------------------------

---------------------------------------

백했다. 수련회까지 와서 공부하라고 하니 이상하긴 이상했나보다. 그러나 그들에게 가르쳐주고 싶은 점이 있었다. 목적을 가지고 공부

하는 것과 목적 없이 공부하는 것이 얼마나 다른지 증명해주고 싶었다. 기도하고 하는 공부와 기도하지 않고 하는 공부가 얼마나 느낌이 다른지 보여주고 싶었다. 개인의 야망을 위해 공부하는 것과 소명을 위해 공부하는 것이 얼마나 다른지 보여주고 싶었다. 실력 있는 영성과 실력 없는 영성이 영향력에 있어 얼마나 다른지 가르쳐주고 싶었다.

### 현장에 강한 리더가 진짜 리더

진정한 리더는 교실 안에서 강의와 나눔을 통해 만들어지는 게 아니라 현장의 영성과 고된 훈련을 통해 만들어진다. 특별히 리더 학교나 제자 훈련을 한 후에 아웃리치(outreach)를 가는 이유가 여기에 있다. 현장에서 우리가 훈련받은 것이 정말로 쓸모 있나 없나를 확인해보는 것이다.

일진회 소속 학생이 교회학교의 제자훈련에 참여했던 일이 있다. 그런데 그 아이는 리더 훈련을 다 받고 난 후 교회에서 하는 리더 훈련 체계가 자신이 속해 있었던 일진회 훈련 체계와 너무나 유사하다는 충격적인 이야기를 해주었다. 일진회는 초등학교 4학년부터 고등학교 3학년에 이르기까지 철저한 양육 과정을 거치고 맨 위에는 성인 조폭까지 연결되는 체계적인 성장 시스템을 가지고 있다는 것이다. 그리고 철저히 일대일 양육과 멘토링을 통해 소수 정예화의 원

핵심리더 훈련 — 양화진 외국인 묘지를 방문해서 …

리를 가지고 있으며 훈련 후에는 반드시 옆 학교로 아웃리치를 가서 이웃 학교 아이들과 싸움을 해서 실력이 얼마나 늘었는지 가늠해본 다는 것이다. 싸움에서 지면 돌아와 합숙 훈련을 하고 다시 아웃리치를 가서 현장에 강한 야성을 지닌 일진회 회원을 키운다는 이야기를 천연덕스럽게 해주었다. 조폭 하나를 키워내는 데에도 아웃리치를 통해 현장에 강한 아이들을 키워내는 원리가 지켜지고 있었다.

6년 전에 초등학교 3학년부터 고등학교 3학년에 이르기까지 다양한 연령의 아이들을 데리고 같이 아웃리치를 다녀온 적이 있다. 너무나 놀라운 것은 고등부 아이들이 자기들끼리 있을 때는 애들처럼 놀다가도 초등학교 후배들을 조원으로 넣어주자 아주 의젓한 리더

역할을 너무나 잘한다는 것이었다. 선교 현장에 가면 아이들이 조별로 큐티를 하는 정도가 아니라 직접 인도해야 하니 부담을 안는다. 기도 인도도 직접 해야 한다. 후배들이 힘들어 낙오하지 않도록 짐도 들어주고 건강도 보살펴주어야 한다. 이러한 현장에서 체험한 리더십은 그들을 강하게 만들어주었다.

그래서 청소년과 어린이들을 데리고 아웃리치를 갈 때는 최소한의 교사만 참여하고 대부분의 일들을 아이들이 직접 하게 한다.

아웃리치를 마칠 때쯤 모든 대원들에게 설문 조사를 했다. 아웃리치 9박 10일 일정 가운데 팀의 진정한 리더가 누구라고 생각하느냐고 물었다. 이때 그들은 리더로 목사나 교사를 꼽지 않았다. 너무나 연약해 보이고 말없는 아이를 아웃리치 팀의 진정한 리더로 꼽았다. 그 아이는 항상 보이지 않는 곳에서 자신의 좌석을 몸이 불편한 아이에게 양보하고 남을 언제나 돌보고 배려하는 아이였다. 아웃리치 가운데 나타나는 놀라운 열매는 아이들이 리더를 직제나 자리로 보지 않고 실제로 섬기고 헌신하는 사람을 리더로 보고 인정해주는 훈련이 되었다는 점이다. 강의와 설교와 가르침에 강한 리더가 아니라 현장에 강한 리더를 진정한 리더로 인정하는 풍토가 교회학교를 강하게 만든다. 그러므로 현장에 강한 리더를 현장에서 직접 키워내는 시스템을 만들어야 한다.

{ 비전 3 - 가정을 치유하는 교회학교 }

교회학교의 비전 가운데 첫 번째로 은혜와 감동이 있는 교회학교를 말했다. 그런데 이러한 은혜와 감동을 가장 먼저 경험해야 하는 곳은 교회학교가 아니라 가정이어야 한다. 가정은 아이들이 가장 많은 시간을 보내는 곳이다. 가장 많은 영향을 받는 곳이기도 하다. 가정에서 은혜와 사랑을 경험하지 못한 아이는 거저 주시는 하나님의 복음을 받아들이는 데 낯설어 하며 힘들어 한다.

**가정에서 은혜를 맛보고 교회 온다면**

가정에서 은혜와 사랑을 가장 방해하는 것은 '네가 뭔가를 하면 너의 요구 사항을 들어주겠다'는 식의 조건 형태의 교육이다. 다시 말해 자녀와 거래하는 것, 비교하고 경쟁시키는 교육이다.

내게는 5학년, 1학년 두 아들이 있다. 나는 교육목사이고 기독교 교육 사역자임에도 불구하고 그 두 녀석들과 항상 거래하고 있다는 사실을 발견하고는 스스로 놀랐다. 생각해보니 아무런 조건 없이 아이들의 요구를 들어주었던 적이 없다. 용돈이 필요하다고 하면 우선 깎고 보는 것이 나의 모습이었다. 이러면 아이는 처음에는 정직하게 필요한 액수를 말하다가 부모가 자신이 정직하게 말한 액수를 무조건 깎아서 주니 그때부터 정직을 포기한다. 다음부터는 부모가 액수

유치1부 학부모초청예배 — 자녀축복기도시간

를 깎을 것이라 예상하고, 아예 처음부터 액수를 높여 부른다. 자녀에게 은혜를 가르치기는커녕 부정직과 거짓말하는 법을 가르친 꼴이 되고 말았다.

아이들이 가장 상처를 많이 받는 곳은 학교도 학원도 친구도 아니다. 아이들에게 "너희에게 가장 상처를 많이 주는 사람은 누구냐?"라는 설문을 했다. 이 질문에 '옆집 아저씨'라고 답한 아이는 한 명도 없었다. 1위 엄마, 2위 아빠였다. 아마 가장 사랑하는 사이이기에 서로 상처를 주는 것으로 이해하고 싶지만 사실은 심각한 문제가 아닐 수 없다.

내 경험으로는, 부모가 자녀에게 하는 언어 훈련 하나만 받아도 자녀와의 관계에 놀라운 변화가 일어난다. 하루는 아들 둘이 마당에서 티격태격 싸우는 것을 우연히 보게 되었다. 동생이 계속 대들자 형은 주위를 한번 둘러보고는 동생을 쥐어박더니 울리고 도망갔다. 나는 둘을 불러놓고 큰아이에게 왜 동생을 그렇게 세게 쥐어박았느냐고 물었다. 그러자 큰아이는 자기 딴에는 몰래 동생을 때렸는데 아빠가 그걸 어떻게 알았는지 너무나 의아해했다. 지금 생각해보면 너무나 우습지만 그때 순간적으로 나는 "기도 중에 보았다"고 대답했다. "몰래 봤다. 죄는 숨길 수 없는 거야. 다 들키게 되어 있어. 맞아야지"라고 했다면 아이들이 그 후에 어떤 마음을 가질까 생각해 보았다. 부모는 항상 나를 감시하는 사람, 걸리면 용서 없이 체벌하는 사람이라고 생각했을 게다.

이렇게 부모가 훈련되어 있지 않을 때 발생하는 문제를 교회학교가 일깨워 부모들이 부모 됨의 훈련, 자녀를 이해는 법, 대화하는 법을 하나하나 배워가고 실습하여 체득하는 장을 마련해주어야 한다.

### 학부모와 함께 드리는 예배의 능력

가정을 치유하기 위해 교회학교가 가정에게 줄 수 있는 최고의 기회는 학부모와 함께 드리는 예배다. 대개의 교회학교들이 부모님들과 간담회를 하는 형식으로 만남을 가진다. 그러나 강력한 성령의 치유하심과 회복이 일어나는 것은 사실 간담회가 아니라 예배 시간

 학부모와 함께 드리는 예배, 이렇게 드리자!

■ 예배 순서

① 찬양: 사랑과 치유와 회복에 관련된 부모와 함께 부를 수 있는 쉽고, 찬양을 선곡(부모님을 선발해 찬양팀으로 미리 연습하는 것도 좋다)

② 주제 영상: 주제에 따라 설문 조사한 내용을 영상물 또는 파워포인트를 이용해서 발표. 설문 조사 내용을 토대로 드라마 공연도 할 수 있다.(주제는 부모에게 바라는 소원 베스트 5, 부모님이 좋을 때와 나쁠 때 베스트 5 등)

③ 학부모와 함께하는 성가대: 부모와 자녀로 구성된 성가대의 찬양

④ 설교: 쉽고 짧게 가정에서 일어날 수 있는 부모와 자녀 사이의 갈등과 상처를 치유하는 관점을 다룬다.

⑤ 편지 낭독: 미리 부모와 자녀에게 편지를 쓰게 한 후, 부모와 자녀가 차례대로 서로에게 쓴 편지를 낭송하게 한다. 감동있는 사연이 소개되면서 부모와 자녀의 갈등을 해소하게 하라.

⑥ 축복 기도: 부모가 자녀의 머리에 손을 얹고 축복 기도하는 시간을 갖게 하라. 부모와 자녀 간에 서로 미안했던 점들을 고백하고 서로 격려하는 순서도 포함시켜 보라.

⑦ 가정 사명선언문 만들기: 예배 후 소그룹으로 흩어져 사명선언문을 가족별로 만드는 시간을 갖게 하라. 미리 준비한 액자에 작성한 사명선언문을 넣어 주도록 하라.

이다. 이는 예배 시간에 성령님이 탄식하시며 동시에 아이와 부모를 만나주시고 기름 부어 주시기 때문이다.

 학부모와 함께 드리는 예배, 주의 사항!

①기발한 이벤트보다는 일정한 프로그램으로 일 년에 2차례 정도 정기적인 모임이 되도록 하는 게 중요하다.
②학부모 간담회보다 학부모를 초청한 예배를 드리는 게 부모와 자녀가 공감대를 형성하고 은혜를 받으며 기도하기에 훨씬 좋다.
③학부모들을 예배 순서 안에 많이(적극) 참여시키게 한다.
④부모가 참석하지 않은 아이들을 배려해야 한다.
⑤교사들로 구성된 학부모 초청 예배 기획팀을 만들어 일을 진행하도록 한다.

부모와 함께하는 예배 시간에 부모가 자녀에게 축복기도를 하면 평소 그런 기도를 해온 가정에게는 아무런 문제가 없고 오히려 그 시간을 통해 영적인 친밀함에 가속도가 붙는다. 그러나 처음으로 축복기도를 하는 가정들은 많은 곤란을 겪는다.

부모와 함께하는 예배 순서에 부모가 자녀를 안고 기도하거나 자녀의 머리에 손을 얹고 축복 기도하는 시간이 있다고 하면, 어떤 아이들은 내게 협박성 메일을 보내온다. "목사님, 예배 시간에 부모님하고 손잡고 기도하거나 머리에 손 얹고 하는 기도시키면 다음 주에 절대로 교회 안 나올 거예요." 그 이유는 집에서 보는 부모 얼굴과 교회에서 보는 부모 얼굴이 너무 달라서 가증스럽다는 것이다. 학부모와 함께 드리는 예배는 바로 이런 장벽을 해결하기 위한 예배다.

찬양팀원인 한 아이의 말이다. 지난 해 학부모와 함께하는 예배 시간에 단 위에서 손을 들고 은혜롭게 찬양 인도하는 그 아이의 모습에 그의 부모가 비웃었다고 한다. "교회에서 하는 것 반만 해봐라." 사정이 이러니 아이들이 부모가 자기가 드리는 예배에 오는 것을 반길 리가 없다. 그 아이를 간신히 설득하여 예배에 참석하게 했고, 그해 예배가 은혜 가운데 진행되면서 회복의 역사가 일어났다. 해가 갈수록 이제는 축복 기도하는 모습이 자연스러운 가정이 되었다. 요즘 가정들의 영적 상태가 좋지 않다보니 작은 감동을 통해서도 성령님이 역사하시는 모습을 많이 본다.

본래 자녀의 머리에 손을 얹고 축복 기도하는 것은 목사의 권한이 아니라 부모의 권한이었다. 다만 가정이 이런 기회를 상실한 것이다. 그러므로 교회학교 예배가 이러한 특권과 역할을 회복할 수 있는 장을 마련해주는 일이 중요하다.

청소년 부서부터 시작하면 이미 늦는다. 청소년기만 되어도 아이들은 이런 순서를 거부한다. 어색하기도 하고 습관이 들지 않았기 때문이다. 유아, 유치, 어린이 부서부터 으레 엄마, 아빠의 축복 기도를 받는 것으로 아이들이 알도록 해야 한다. 그리고 그 시간을 연장해 가정에서 아이들이 잠자리에 들 때마다 부모가 축복 기도하는 것이 생활화 되도록 도와야 한다. 나 역시 학부모와 함께하는 예배를 계기로 잠자리에서 두 아들의 머리에 손을 얹고 축복 기도해주는 습관이 드는 축복을 받았다.

처음에 학부모와 함께하는 예배를 드리려 했을 때 일부 교사들이 반대했다. 혹시 부모가 없거나 부모가 예수님을 믿지 않아서 올 수 없는 아이들이 상처를 입지 않겠느냐는 우려였다. 그러나 이러한 우려 때문에 학부모와 함께하는 예배를 포기한다면 오히려 더 많은 것을 잃게 된다. 오히려 막상 뚜껑을 열어보니 그런 아이들은 상처를 받기보다 소망을 품고 기도하기 시작했다. "하나님, 제가 커서 저희 아버지 어머니가 제게 해주지 못했던 기도와 축복을 제 자녀들에게 하게 해주세요."

세상의 모든 대중매체가 가정의 건강함을 도와주는 것이 아니라 가정의 해체와 결손을 부추기고 있다는 것에 아이들이 분개하는 마음을 품기 시작했다. TV 드라마는 항상 남녀가 "나 잡아봐라" 하며 해변가를 뛰어다니는 환상적인 모습으로 불륜 관계를 그려놓는다. 반면에 보통의 부부가 나오는 가정은 꼭 아무 말 없이 밥 먹는 장면, 잠자는 장면만 그려놓아 가정은 참 지루하고 재미없는 곳이라는 암시를 던져주고 있다. 이러한 대중매체의 역할에 아이들이 분개한다. 학부모와 함께하는 예배 시간에 자신이 크면 프로듀서가 되어 가정이 얼마나 좋고 행복한 안식처인가를 말해주는 드라마나 영화를 만들겠다고 서원한 일도 있었다.

구약의 전승을 보면 자녀가 부모를 치거나 욕하면 돌로 쳐 죽이라는 끔찍한 말씀이 나온다. 아마도 이 말씀은 그러한 자녀에게는 신앙 전승이 아예 불가능하니 신앙을 전승받지 못한 자녀는 이미 죽은 목숨이나 다름없음을 강조하는 말씀 같다. 이제 이러한 신앙 전승의 통로가 회복될 수 있도록 도울 곳은 교회와 교회학교 밖에 없다. 이미 가정은 스스로 회복할 능력을 잃었기 때문이다. 교회학교가 아예 가정을 치유하는 비전을 가지고 구체적으로 가정의 회복을 돕는 프로그램을 가질 필요가 있다.

{ 비전 4 – 학교와 세상을 사역지로 삼는 교회학교 }

교회학교 안에서 예배드리고 성경을 배우는 일은 준비 훈련에 해당한다. 아이들이 치러야 할 본 경기장은 세상과 학교다. 그러므로 교회학교에서는 본 경기를 잘 치를 수 있는 준비 운동을 골라서 시켜야 한다.

아이들을 보면 교회에서 강한 아이가 있고 세상에서 강한 아이가 있다. 우리 교회학교의 비전은 세상에서 강한 아이를 키워내는 것이다. 사역지인 세상과 학교를 품고 그곳에서 하나님의 법을 따라 살아낼 수 있는 아이, 하나님의 법으로 살았더니 되더라는 것을 증명할 수 있는 사역자를 길러내는 것이 우리의 비전이다.

청담고등학교 CA 모습

교회학교는 지금까지 그리스도인이 되는 법만 가르쳤다. 예수 믿는 것으로 만족하고 천국 가는 것을 인생의 목적으로 삼았다. 그러나 이제는 그리스도인으로 사는 법을 가르쳐야 한다. 그리스도인으로 학교와 세상에서 사는 법에 대해 도전해야 한다. 한국교회가 이제는 성숙해져야 할 단계에 이르렀기 때문이다.

교과서에 비전을 싣다

사역자나 교회학교 교사가 학교를 방문하면 아이들이 반길 것 같지만 처음에는 어색해한다. 어떤 아이들은 슬슬 피하기까지 한다. 자신이 예수 믿는 아이라는 게 탄로나기 때문이다. 교정에서 아이들을 만나 기도라도 하려고 하면, 그들은 안절부절 못하며 주위를 돌아보기에 바쁘다. 믿지 않는 친구들을 의식하기 때문이다.

이런 아이들에게 처음부터 학교에서 3분 기도부터 하자는 식으로 접근하면 안 된다. 쉬운 것부터 접근해야 한다. 예를 들어, 학년 초 두 주간은 아이들 자신이 그리스도인임을 알리는 주간으로 삼는다. 새로운 학년이 되어 새롭게 알게된 친구들에게 자신이 예수 믿는 사람임을 알리는 일부터 시작하는 것이다. 그러고 나서 다음 단계로 아침에 말씀묵상을 짧게 하고 식사 기도를 하기 시작하도록 한다.

학교에서 기도하고 말씀 묵상하는 일이 처음부터 쉬운 일은 아니다. 그래서 한번은 예배 시간에 아이들에게 국, 영, 수 교과서를 가져오라고 했다. 설교 중간에 교과서의 첫 장을 넘기면 빈장이 나오는데 그곳에다 인생을 걸 만한 말씀을 유성 매직으로 적고 그 아래에 비전과 기도 제목을 적어보라고 했다. 이 세 과목들은 최소한 하루 한 번은 수업이 있으니 교과서를 펼 때마다 말씀과 기도 제목과 비전을 보며 거룩한 부담을 가지라는 뜻이었다. 기발한 아이디어를 내어 학교에서 그리스도인으로 사는 법에 대해 집요하게 도전했더니 마침내 아이들이 적극적으로 반응했다.

교회 안에서 학생회장은 못 되는 것은 참아줄 수 있으나 학교에서 반장, 부반장, 회장 아니면 줄반장이라도 기를 쓰고 다 차지하라는 특명을 내렸다. 학교에서 공부 열심히 하는 것은 기본이고 영향력을

고등부 단기선교 — 라오스 빡새 지역 찬양전도 모습

발휘하는 자리와 역할은 모두 사역 차원에서 접수하라고 말이다.

영향력을 미칠 수 있게 된 후, 기독동아리가 없는 학교에서는 기독동아리를 세우게 하고, 이미 기독동아리가 있는 학교에서는 교회와 연대를 맺는 역할을 하게 했다. 물론 교회학교는 기독동아리가 활동하는 장소와 재정을 제공해주었다.

믿지 않는 친구를 품다

믿지 않는 친구들을 품고 기도하고 초청하자고 말하면 아이들은 이구동성으로 "제 친구들은 다 교회 다녀요"라고 대답한다. 나는 정말로 그런 줄 알았는데 학교를 돌아다니면서 보니 그 말이 거짓말이라는 사실을 알게 되었다. 교회 아이들의 친구들 대다수가 불신자임을 금방 알 수 있었다. 그래서 세상과 학교를 사역지로 삼기 위한 교회학교 프로그램으로 태신자 전도 운동을 시작했다. 잘 알고 있듯이 태신자 전도 운동이란 이미 관계를 맺고 있는 사람을 일정 기간 마음에 품은 후에 교회로 초청해서 교회학교가 특별히 준비한 결신 프로그램에 참여시켜 결신케 하는 관계 전도 프로그램이다.

초청 가능한 전도 집회 일정이 준비된 다음에는 초청할 사람을 작정하여 6개월간 마음에 품고 관계를 다지며 전도하는 공을 들인 다음 전도 집회 당일에 초청을 한다. 전도로 부서의 인원이 증가하는 것은 이런 프로그램을 통해 얻을 수 있는 이차적인 장점이다. 가장 큰 장점은 아이들이 믿지 않는 영혼들을 6개월간 마음에 품고 기도하고 관심을 갖는다는 것 자체다. 그 과정에서 세상과 믿지 않는 영혼을 대하는 아이들의 태도가 바뀐다. 믿지 않는 영혼을 품고 사는 일 자체가 아이들의 영혼을 건강하게 만들어주며 선교를 지향하며 살게 만들어준다.

전도 초청 당일 날 자신이 작정한 친구가 오지 않으면 다시 6개월간 마음에 품었다가 다시 집회에 데려오면 된다. 이렇게 일 년에 두 번씩 태신자 작정을 하면 일 년 내내 믿지 않는 영혼을 품고 사는 셈이 된다. 믿지 않는 영혼들을 평생 마음에 품고 사는 우리 아이들을 생각만 해도 가슴이 벅차오른다. 바로 이러한 과정 자체가 세상조차

### 단기선교 서약서

우리는 이번 아웃리치 기간 동안 함께 예수님을 섬기고 선교지의 사람들을 섬기기로 헌신한다. 그것을 위해 개인적으로 그리고 단체적으로 이번 기간 동안 다음을 지키기로 서약한다.

1. 우리는 선교 훈련이 우리가 무엇을 해주는 기간이 아니라 철저히 배우고 훈련하는 기간임을 명심하여 자만하거나 개인적인 욕심을 부리지 않는다.
2. 우리는 단기선교 훈련 기간 동안 훈련과 일정에 순종하며 개인행동을 하지 않고 서로 다투거나 불순종함으로 사탄이 일할 기회를 주지 않는다.
3. 우리는 단기선교 훈련 기간 동안 세워진 리더들의 권위에 절대 복종한다.
4. 우리는 주어진 일에 최선을 다하며 어렵고 힘든 상황이 생기더라도 절대 불평하지 않으며 서로 돕고 기도하여 주어진 상황을 극복한다.
5. 우리는 단기선교 훈련을 마친 뒤에도 선교 훈련 기간 중에 얻은 도전과 감격을 간직하여 선교사답게 살아간다.
6. 우리는 선교 기간 중 발생하는 어떠한 손해나 사고와 죽음에도 교회에 일체의 책임을 묻지 않는다.

사역지로 삼아 도전하고 변화를 일으키는 거룩한 사역자로 살아가도록 우리 아이들을 만들 것이다.

### 죽어도 갑니다

방학 때면 제자훈련과 리더 훈련의 마지막 과정으로 동남아 지역

### 아웃리치의 두 가지 목적

- 선교하러 가는 것이 아니라 훈련받으러 가는 것이다
- 우리가 선교하는 것이 아니라 선교사님을 돕는 것이다

에 아웃리치를 갔다. 이때만 되면 아이들의 진가가 나타난다. 아이들은 세상이 왜 우리의 사역지인지, 우리의 삶의 목적이 무엇인지 직접 삶으로 체험하고 온다.

제자훈련을 마치고 선교를 떠나기 전에 서약을 하는 시간이 있다. 여러 서약 항목 가운데 마지막에 "나는 아웃리치 기간 중 불의의 사고를 당해 죽을지라도 교회에 아무런 이의를 제기하지 않겠습니다"라는 대목이 있다. 이 대목을 서약할 때에는 정말로 숙연해진다. 재작년부터 성인들을 데리고 단기선교를 갈 때, 이 서약을 하면 몇 명은 정말로 죽는 게 두려워서인지 슬그머니 도망부터 친다. 그러나 아이들은 어떻게든 부모를 설득해서 이 서약서에 부모의 서명을 받아온다. 아이들의 믿음이 더 좋다.

실제로 작년만 해도 영락교회 중등부 아이들이 선교 여행을 갔다가 두 명이 익사로 순교했다. 재작년에는 한신교회 중학교 2학년생과 대학 예비 입학생이 전도하고 강을 건너 돌아오다 익사로 순교했다. 3년 전에는 한동대에서 선교하러 갔다가 두 명이 급류에 휩쓸려

익사로 순교했다. 최근 20년 동안 한국에서 선교하다 순교자로 등록된 사람들 가운데 전문인 선교사를 빼고 어른들은 거의 없다. 거의 다 청소년과 청년들이다.

이러한 사례를 다 이야기해주면서 걱정되면 가지 않아도 된다고 설명해도 아이들은 막무가내다. 우리 아이들이 제자훈련 때마다 외치는 구호가 있다. "소명을 다하지 않으면 절대로 죽지 않는다. 그러나 소명을 다하면 반드시 죽는다. 병원에서 호흡기 끼고 숨이 차 헐떡거리며 늙어 죽는 것보다 차라리 선교하다 순교자로 죽는 것이 명예롭다." 그리고 정말로 멋있는 말로 마무리 한다. "어차피 한 번 사는 인생인데 …." 완전히 애 늙은이가 되어간다. 이것이 세상을 사역지로 삼은 우리 아이들의 모습이다. 위험하다 말해도, 죽을 수가 있다고 말해도 그들은 간다고 외친다.

사실 아이들을 데리고 아웃리치를 가는 동안 아무 일도 없이 순조로웠던 적은 한 번도 없다. 한번은 산길을 가는데 차의 브레이크가 작동하지 않아 낭떠러지에서 구를 뻔 했던 일, 차가 언덕을 오르지 못해 아이들이 뒤에서 밀고 올라갔던 일, 건강했던 아이가 갑자기 장 파열이 일어나 엄청나게 하혈했던 일, 인슐린을 넣을 냉장고가 없어 당뇨를 앓는 인솔 권사님이 쇼크를 일으켰던 일, 집사님 두 분이 과로하는 바람에 공항에서 갑자가 혈압이 너무 올라 비행기가 30분이나 연착되었던 일, 사탄이 틈타 멀쩡한 사람이 발작을 일으켰던 일, 라오스에서 고등부 아이들이 공연하던 중에 현지 아이가 갑자기 넘어져 온 얼굴이 찢어지고 피범벅이 되어 집회가 방해받았던 일 등 너무나 가슴 졸인 사건이 많았다.

  이런 고생을 왜 하고 있는지 의문을 가질 때도 있었다. 그러나 여러 위기와 시험을 당하는 동안 아이들과 교사들이 함께 기도하며 이겨내고 한마음으로 극복하는 과정이 진정한 훈련의 시간이 되었다. 지금도 아이들은 선교라면 "죽어도 갑니다"라고 외치며 달려든다. 세상이 감당치 못할 새로운 신세대 그리스도인들이 나타나고 있다.

# 8장
# 콘텐츠와 전략
## — 어떠한 내용을 담을 것인가?

교회학교가 방향과 목적지와 원리를 정한 다음에는 어떤 내용을 싣고 갈 것인가를 결정해야 한다.

**영적 시소, 균형**

교육의 내용을 다루는 데 있어 가장 중요한 두 단어는 균형과 성숙이다. 성숙을 위한 절대적 조건이 바로 균형이다.

성경의 모든 내용은 한쪽으로 치우치지 않고 균형 잡힌 시소처럼 평행을 이루고 있다. 예를 들어 믿음을 강조한 로마서가 있다면 행위를 강조한 야고보서가 있고, 사랑의 호세아서가 있으면 공의의 아모스서가 있다. 행함 없는 믿음은 죽은 믿음이며 믿음 없는 행함은 하나님 앞에 전혀 의미 없는 도덕적인 삶이 되고 만다. 서로 없어서는 안 되는 보완의 말씀이 팽팽한 긴장감과 균형을 이루고 있기에 성경을 빼거나 더하지 말라고 하는 것이다.

이단들을 한 마디로 쉽게 정의한다면 균형이 깨진 사람이라 할 수 있다. 그들은 그들이 좋아하는 구절과 성경이 따로 있다. 그것만 묵상하고 암송해서 전략적으로 자신들의 교리를 입증하는 수단과 도구로 써먹는다. 이단들이 죽어도 하지 않는 일은 성경을 자신의 기호와는 상관없이 순서대로 가르치는 강해설교와 그날그날 순서대로 하는 큐티다.

그러므로 이단들을 대적하는 최선의 교회학교 교육은 성경을 편식하지 않고 골고루 균형 있는 식단에 따라 먹이는 것이다. 정통을 가르치면 사이비는 금방 탄로 나게 된다. 은행에서는 위폐를 식별하는 훈련을 할 때 위폐를 갖다 놓고 세는 연습을 하지 않는다고 한다. 도리어 진폐를 세고 또 세게 하여 진폐에 대한 손끝 감각을 완전히 익히게 한 다음 위폐를 한 장 끼어 넣으면 금방 식별한다는 이야기를 들었다. 성경도 이와 마찬가지다. 이단들을 연구한다고 이단교리를 갖다 놓고 연구를 하다가 도리어 자신도 모르게 세뇌되어 그들의 교리에 넘어가는 사례가 있다. 말씀을 균형 있게 가르치면 위폐를 가려내듯 이단과 사이비를 가려내는 능력을 갖추게 된다. 이단들과

### 성경은 균형을 이룬 시소다

- 그리스도인이 되는 법
- 아버지 하나님
- 사랑의 호세아
- 은혜
- 영
- 믿음의 로마서
- 개인구원
- 하늘
- 초월
- 체험신앙
- 죽은 후에 가는 천국

- 그리스도인으로 사는 법
- 왕이신 하나님
- 공의의 아모스
- 율법
- 육
- 행위의 야고보서
- 사회구원
- 땅
- 현실
- 실천신앙
- 이땅에서 누리는 천국

세상은 이 순간에도 우리가 말씀 속에서 얻은 균형을 깨뜨리려 한다는 사실을 잊지 말아야 한다. 그리고 말씀을 보약 먹이듯이 먹이지 말고 밥 먹이듯이 일상 속에서 먹여야 한다.

### 성숙을 위한 다섯 가지 요소

하나님의 백성에게는 이미 거듭나 구원받은 백성의 삶을 시작했어도 여전히 성숙이라는 과제가 남아 있다. 신학적인 용어인 성화와 교육학적 용어인 성숙과 리더십의 용어인 영향력은 어떤 의미에서 같은 뜻이다.

예수님을 믿는 목적이 오로지 천국 가는 데 있다면 우리는 이미 삶의 목적을 다 이룬 셈이다. 그러나 구원받았음에도 우리가 이 땅에서 오늘도, 앞으로도 살아야 하는 이유는 성화 때문이다. 무엇을 위한 성숙이냐고 물으면 세상에 거룩한 영향력을 미치며 하나님의 나라를 확장하는 소명을 이루기 위한 성숙이라고 답할 수 있다.

성숙에 이르려면 갖추어야 할 다섯 가지 요소가 있다. 그것은 초월성, 도덕성, 사회성, 자아정체성 그리고 자존감이다. 이러한 요소는 우선순위에 있어 초월성이 맨 앞에 선다.

성숙을 위한 요소들을 말하자면 다음과 같다.

첫째, 초월성으로 신앙의 성숙을 위해서는 개인적으로 하나님을 인격체로 만나는 경험을 해야 한다. 평소 교회학교 활동을 하는 동안에는 어렵지만 수련회나 성경학교가 좋은 기회다. 아이들이 말씀, 기도, 방언, 찬양을 통해 초월적인 하나님을 만날 수 있도록 교육 내용을 만들어야 한다.

신앙이 성숙한 사람들을 보면 모두 하나님과의 초월적 만남을 가진다. 아이들이 수련회에 와서 방언을 하면 참 좋아하는 모습을 본다. 방언은 여러 은사 가운데 하나이지만 아이들은 방언을 자신이 하나님의 자녀와 백성이라는 확고한 징표로 여기기에 크게 기뻐한다. 수련회가 끝나고 나면 성숙의 요소 가운데 초월성이 제일 많이 성장한다.

둘째, 도덕성은 신앙의 성숙을 위한 중요한 요소로서 타인과의 삶에서 지켜야 할 규범과 약속에 대한 내용이다. 초월적 경험은 했지만 도덕성이 취약한 아이들이 있는데, 이러한 아이들을 성숙한 사람이라고 보면 안 된다. 특히 은혜나 초월성을 경험한 아이일수록 도덕성이 약화될 가능성 있다. 이 때문에 건강한 성숙은 도덕성을 수반한다는 사실을 알려주고 가르쳐야 한다.

셋째, 사회성은 공동체성과 같은 단어로서 더불어 사는 것에 익숙하고 서로 나누고 섬기며 사는 형태를 말한다. 공동체에만 들어가면 분란과 갈등을 일으키고 적응하지 못해 뛰쳐나오는 아이들이 있는데 이들은 미숙한 아이들이다.

넷째, 자아정체성은 자신이 누구이며 어디에서 왔으며 무슨 일을 위해 보냄 받은 사람인지 알고 확신하며 사는 것을 말한다. 정체성이 약한 아이들은 스스로 결정하는 의지와 판단력이 약하고 어디로 나아가야 할지 알지 못해 타인의 의지에 휘둘리며 표류한다.

다섯째, 자존감으로서 자신을 가치 있게 여기는 감정이다. 자존감이 약한 아이들은 다른 사람과의 관계에 있어서도 미숙하며, 자신을 무가치하게 판단하여 타인의 판단이나 칭찬에 너무나 민감하게 반응하는 모습을 보인다.

위의 다섯 가지 요소가 골고루 성장한 상태를 성숙이라고 말한다. 물론 이 다섯 요소 가운데 우선되는 것은 초월성이다. 초월성이 없는 도덕성, 사회성, 자아정체성, 자존감은 별 의미가 없기 때문이다. 수련회나 성경학교를 마치고 난 후에 목회자와 교사는 아이들에게 어떤 요소가 성장했는지 살펴보아야 한다. 그리고 나서 취약하거나 상대적으로 취약해진 요소를 보완해주어야 건강한 교육 내용을 담을 수 있다.

### 차라리 사람을 카피하라

요즘 교회학교에서는 어느 교회의 어떠한 프로그램이 잘 되었다는 말만 듣고 아무런 고민도 없이 그 프로그램을 도입해 쓰는 경우가 많다. 개 교회마다 자신의 프로그램을 개발해 낼 수 있는 여건이 안 되어 할 수 없이 선택한 일이라는 사역자들의 속 타는 마음은 이해한다. 하지만 이렇게 실시한 프로그램은 거의 100퍼센트 실패하게 마련이다. 프로그램 이식 자체가 어려운 이유가 몇 가지 있다.

첫 번째 이유는 일단 그 프로그램을 진행하는 것은 사역자인데 사역자가 준비되어 있지 않았기 때문이다. 그리고 두 번째 이유는 프로그램을 적용하는 교회가 다르기 때문이다. 그 프로그램이 정착해서 활성화 된 데에는 그 프로그램이 나올 수밖에 없는 그 교회만의 목회철학이 있기 때문이다. 그러니 프로그램만 가져다 쓰는 것은 사과를 얻으려고 사과나무 자체를 이식하는 게 아니라 사과를 따서 사과 자체를 심는 것밖에는 되지 않는다.

어떤 프로그램, 어떤 방법을 쓸 것인가를 고민하는 일은 제일 나중에 해도 된다. 어떤 목회철학을 가지고 목회하는지 살핀 다음 이러한 목회철학을 실현할 수 있는 적합한 방법을 찾아내는 게 정상적인 순서다. 방법론은 목회철학과 맞아 떨어져야 한다.

예를 들어 아이들이 학교와 세상 속에서 성령님의 직접적인 인도하심을 받으며 사도로서 살도록 도전하고 싶은 목회철학을 가지고 있다고 치자. 그러면 반드시 큐티와 중보기도와 같은 프로그램들이 필요할 것이며 이러한 목회철학의 필요에 따라 프로그램들이 차례차례 만들어질 것이다.

학교에서 사역자로 서게 하고, 목회자가 곁에 없어도 시간과 공간의 제약을 받지 않고 성령님의 인도하심을 직접 받으며 살아가게 하기 위해서는 아이들이 학교와 세상에서 스스로 말씀을 묵상하고 그 말씀을 통해 성령님의 음성을 듣도록 도와야 한다. 그러므로 이런

 매뉴얼화의 장점

- 탑 쌓기 과정이다.
- 실패를 반복하지 않을 수 있다.
- 후계자 양성 교본이다.
- 객관적 기록문화이다.
- 안 된 것이 더 위력적이다.

목회철학 아래에서 큐티가 가장 잘 맞아 떨어지는 프로그램이라는 점을 쉽게 알 수 있다. 바로 이런 과정을 거쳐 프로그램을 만들고 실행해야 지속적으로 효과를 거둘 수 있다.

이러한 목회철학 없이 그저 말씀 보는 습관을 들이려고 큐티라는 프로그램을 갖다 쓰면, 동기 부여가 약하기에 지속될 수 없으며 도중에 포기하는 일이 벌어진다. 프로그램이나 행사를 베끼거나 모방하려면 그 프로그램을 만든 사람과 조직과 목회철학을 베끼거나 모방하는 것이 차라리 낫다. 좋은 프로그램은 좋은 목회철학의 열매일 뿐이다.

그리고 모든 사역을 매뉴얼화 할 필요가 있다. 다음 사역자에게 족보를 남겨서 자신의 실패를 반복하지 않도록 해주는 배려가 매뉴얼이다.

각 교회마다 일 년간 계획표를 만들어 교육계획서라는 이름으로 책을 내는 경우가 많은데, 내 경험으로는 그보다는 일 년 동안 이루어지는 모든 행사에 대한 과정과 평가를 기록한 매뉴얼이 훨씬 교회 교육에 도움이 되었기에 이제는 매뉴얼만 제작하게 되었다. 바로 이 책이 그 매뉴얼에 해당하는 성격을 가지고 있다.

매뉴얼에는 어떤 행사와 프로그램을 준비, 진행, 평가하는 전체 과정이 담긴다. 예를 들어 연말이 되면 교사 총회를 하기 전에 학생 교적부 정리와 학생 생활 평가서 작성법 그리고 이를 준비해야 하는 사람들을 지정하는 내용들을 담아야 한다. 그리고 내년에 필요한 교사를 수급하기 위해 작년에 썼던 방법들을 자세히 제시하여 어떤 교역자나 부장이 부임하여 처음 연말을 맞이하더라도 다음 해를 준비하는 모든 프로그램을 순조롭게 진행할 수 있도록 돕는 역할을 매뉴얼이 해주고 있다.

섬기는 리더십을 가진 리더는 후계자를 양성해내는 리더라고 이미 말했다. 후계자를 양성하는 가장 좋은 도구가 무엇이냐고 묻는다면 매뉴얼이라고 말하고 싶다. 매뉴얼은 섬기는 리더십에서 나온 산물이다.

### 뭔가를 해주고 싶어서 만든 프로그램

사람이 준비되었다는 말은 먼저 프로그램을 만들어 놓고 사람을 끼워 넣는 식이 아니다. 먼저 사람을 준비시켜 놓고 그 다음에 그 사람이 담당할 프로그램을 만드는 것이 순서다. 이렇게 되려면 두 가지 조건을 갖추어야 한다. 첫째, 단기 또는 장기 계획이 서 있어야 한다. 둘째, 그 계획을 이루어갈 사람을 키우는 과정이 함께 이루어져야 한다.

사람을 키운다는 말은 단순히 프로그램을 진행하는 기술과 기능을 갖게 한다는 말이 아니다. 아이들을 사랑해서 무엇인가를 해주고 싶은 동기와 마음의 열정을 갖게 하는 것이 제일 중요하다. 무엇인가를 해야 하는 당위성과 책임감으로만 만든 프로그램은 힘이 없다. 얼마 못 가서 진행하는 사람이 지칠 것이 뻔하기 때문이다.

나는 현재 섬기는 교회의 교회학교에 부임하고 나서 거의 2년 동안 그 어떤 일도 의도적으로 만들지 않고 38명의 교회학교 교역자들과 놀기에 '충실' 했다. 새로운 교육 담당 목사가 부임하여 아무 일도 벌이지 않고 놀기만 하니 동역자들이 꽤 불안했나보다. 지금껏 무엇인가를 만들어 항상 분주하게 일해 온 습관이 있었기 때문이다.

목회자들과 같이 찜질방 가고 자주 축구를 하며 팀워크를 다져갔고 서로 아껴주고 사랑하면서 기다렸다. 그랬더니 사역자들이 이제는 우리가 먼저 아이들을 위해 뭔가를 해주면 좋겠다고 말했다. 나는 그 제안에 응했을 뿐이다. 서로 사랑하고 교사들 사이에 에너지가 남으니 아이들을 위해 무엇인가를 해주고 싶다는 말이 그제야 나온 것이었다. 바로 이때가 일을 시작할 타이밍이며 이때까지 충분히 기다려도 늦지 않다. 이러한 마음으로 만든 프로그램은 교역자들과 교사들이 하고 싶고, 좋아서 만든 것이기에 이전의 그 어떤 프로그램보다 알차게 꾸밀 수 있었다. 실행할 때에도 자원하는 마음으로 기뻐서 하는 프로그램이니만큼 사역자들이 궂은 일도 마다하지 않고 나서는 분위기가 형성되었다.

그러므로 프로그램을 만드는 건강한 방법은 교사들이 그 일을 하고 싶도록 만드는 것이 기초다. 세상에서는 월급이라는 끈을 가지고 조종이 가능하다. 그러나 자발적 집단인 교회학교 교사들을 움직여 건강한 열매를 맺으려면 반드시 아이들을 위해 무엇인가를 만들어 주고 싶은 충분한 열정과 사랑을 불러일으키는 일이 중요하다.

종합해보면 프로그램이나 방법론을 만들 때 지켜야 할 철칙이 있다. 첫째, "하고 싶도록 만들라." 둘째, "아니면 차라리 하고 싶어질 때까지 기다려라." 하고 싶도록 만드는 것이 목회자와 교사의 역할이다. 간절함이 없으면 어떤 프로그램으로도 아이들을 살찌울 수 없다. 그 간절함은 사랑하는 마음에서 나옴을 잊지 말아야 한다.

**주일 프로그램만으로는 안 된다**

되는 교회학교와 안 되는 교회학교를 알아보려면 토요일에 그 교회를 가보면 금방 알 수 있다. 되는 교회학교들은 토요일이면 제자훈련, 예배를 위한 중보기도 모임, 성가 연습, 드라마 준비, 청소팀,

소그룹 성경공부 연구 모임 등 다음날 사역을 잘 준비하기 위해 모여서 부산을 떤다.

그러나 안 되는 교회학교는 토요일에 가보면 정적이 흐른다. 그러고서는 주일 당일에 모든 것을 단 두 시간에 해치우고 만다. 교회교육의 방향을 지식 전수가 아니라 삶의 변화에 두었다면 주일 두 시간 가지고는 역부족이다. 제자훈련이나 리더 훈련을 마치고 아웃리치를 가면 아이들이 단기간 내에 도전받고 삶이 변화되는 이유가 있다. 아웃리치 하는 열흘간의 시간을 계산해보니 교회학교가 주일에 두 시간씩 만나는 1년간의 시간을 합한 것과 같은 분량이었다.

특히 교사들의 성장을 돕는 프로그램을 만들어야 한다. 교사들의 성장이 아이들의 성장에 지대한 영향을 미치기 때문이다. 소망 교회는 교사들의 성장을 돕기 위해 재교육 과정을 만들었다. 교회학교 현장에서 부딪히는 문제를 해결하기 위해 실제적인 내용을 선택해 강의를 개설했다. 또한 교사들이 원하는 과목들을 위주로 구성했다. 물론 강의는 강요하지 않고 필요한 사람들이 자원할 때까지 기다렸다. 이러한 재교육 과정이 모든 교사들에게 필요한 좋은 과정이라는 인식이 퍼져 거의 대부분의 교사들이 참여하게 되기까지 2년이 넘게 걸렸다.

아이들을 위해 교회학교가 만드는 주중 프로그램과 활동을 두려워하지 말아야 한다. 의미가 있고 유익하다면 오게 되어 있다. 그리고 어떤 프로그램이든지 처음부터 사람들이 많이 참석해 성대히 이루어질 것이라는 착각에서 빨리 벗어나야 한다. 처음에는 어떤 프로그램이든 소수의 참여자로 시작한다. 이때 진행자는 참여한 사람들을 절대로 실망시키거나 시간이 아깝다는 생각이 들지 않게 해야 한다. 그러면 참여한 사람들의 입소문이 퍼져 다음 프로그램 참여자를 모집할 때에는 큰 어려움이 없을 것이다. 처음 프로그램을 준비하고 시행하는 사람들은 입소문의 위력을 이용해야 한다.

교사들을 활성화하고 영적으로 각성시킬 때에도 모든 교사들을 한꺼번에 변화시키고 협력자로 삼는 일은 불가능하다. 수요예배 후 교사 기도 모임을 가지면 대개 10퍼센트의 교사들만 참석하는데, 이에 대해 과도하게 실망하거나 좌절하면 안 된다. 참석한 교사들을 소수 정예화하고 그들을 조직 곳곳에 심어 영적 게릴라 역할을 감당하게 해서 조직에 서서히 변화를 일으키는 방법을 써야 한다.

### 영상과 복음성가, 드라마 예배의 한계

교회교육에서 영상의 필요성을 알고 이미 10년 전에 낮은울타리 영상 아카데미 1기로 참여했다. 또 한국교회 안에 이미 상영되었고 각 교회들이 만든 영상물들을 거의 대부분 수집하여 3천여 점에 이르는 기독교 영상물을 소장하고 있다. 이렇게 영상물을 모으기 위해 막대한 재정을 투자했고 거의 마니아 수준으로 수집하여 교회교육에 활용했다. 텔레비전에서 하는 다큐멘터리, 휴먼 스토리, 국경일 프로그램 등을 녹화하여 분류했고 자료로 보관하기도 했다.

그러나 예배 시간에 영상물을 사용하면 할수록 한계에 부딪혔다. 그 이유는 영상물을 보는 아이들이 점점 더 고품질의 영상을 원한다는 데 있었다. 다시 말해, 좀더 센 자극을 원했다. 주제 제기용으로 영상물을 너무 자주 보여주거나 드라마 예배를 사용하면 금방 식상해져 오히려 예배에 좋지 않은 영향을 끼칠 수 있다. 한 달에 한 번 정도 했을 때 효과가 좋았고, 자주하면 준비하는 사람들이 지쳤다. 게다가 갈수록 고품질 영상을 요구하는 회중의 요구를 감당하지 못해 결국 영상 사역을 포기하는 일마저 일어났다.

그리고 영상으로 복음을 설명하려는 시도 자체가 위험하다는 사실을 알게 되었다. 기독교의 역사는 사실 미디어 파괴의 역사를 가지고 있다. 미디어에는 제작자의 철학이 들어가 있기에 미디어 자체가 복음을 완전하게 드러낼 수 없고 사실 자체를 왜곡할 가능성마저 있다.

이런 여러 이유로 결국 복음 자체를 표현하는 데 영상물 쓰는 일을 포기하고 삶의 상황을 설명하는 주제 제기 형식에만 영상물을 쓰게 되었다. 설교 한 편 가운데 예화를 영상으로 처리하는 방법을 썼는데 아이들의 삶에 이러저러한 문제가 있다는 식으로 영상을 통해 문제 제기를 한 다음 그 해결과 실마리는 성경을 통한 음성 설교로

 기독교는 미디어 파괴의 역사이다

- 미디어가 복음 자체를 드러낼 수 없다.
- 미디어는 사실 자체를 왜곡할 수 있다.
- 미디어는 단지 삶의 정황 설명에 적합하다.

풀어갔다.

찬양 예배 시간에 가스펠만 불러야 하고 드럼과 같은 타악기를 반드시 써야 한다는 편견을 이제는 버리게 되었다. 가장 뛰어난 찬양 예배 인도자는 고전 찬송가와 가스펠의 경계를 자유롭게 넘나드는 사역자였다. 찬송가를 가스펠처럼 소화할 줄 알고, 가스펠을 찬송가처럼 품위 있고 중후하게 색깔 입힐 줄 아는 사역자가 교회학교 현장에 절실히 필요하다.

실제 찬양 예배 시 타악기를 연주하는 사역자는 탁월한 영성을 소유한 사람이 아니면 절제와 자기 감정 표현에 서툴러 예배의 전체 흐름과 찬양의 분위기를 망치는 일을 종종 보았다. 오히려 제일 안정적이면서도 역동적인 찬양은 클래식 악기인 바이올린, 플루트, 첼로와 더불어 드럼, 신디사이저와 절묘한 조화를 이루어 연주하는 것이다. 찬송가와 가스펠을 구분하지 않고 예배의 흐름에 따라 자연스럽게 장르를 넘나들며 부를 때 은혜가 더했다.

이러한 조화가 가능하려면 가스펠과 고전 찬송가를 아우를 수 있는 실력 있는 목회자와 찬양 사역자가 있어야 함을 절감했다.

### 하나면 족하다

한국교회의 좋은 풍토이면서도 이면에 영적 체력을 약화시켰던 풍토는 지금까지 교회 안에 너무나 많은 말씀이 선포되었다는 것이다. 주일예배, 수요예배, 금요심야, 구역예배, 새벽예배 등 예배만 해도 셀 수 없고 들은 말씀만 해도 주제를 다 기억할 수 없을 정도다. 각 예배 때마다 다른 주제의 말씀이 선포되고 있는 것도 사실이다. 이러한 상황을 긍정적으로 보는 사람들은 말씀 듣기는 콩나물시루에 물을 주는 것과 같아서 물이 아래로 다 쏟아져 내리는 것처럼 보이지만 실제로 콩나물은 그 물을 먹고 자란다는 콩나물시루 이론을 편다.

그러나 말씀의 홍수 속에서 교회교육이 갖는 한계점은 들은 말씀대로 살아볼 기회 없이 또 다른 주제의 말씀을 듣기만 한다는 데 있다. 하나의 주제를 들었으면 그 말씀대로 살아볼 수 있도록 돕고 기다려주는 것이 교회교육이 가져야 할 진정한 자세다.

성경은 "가르쳐 지키게 하라"고 말하며 가르치는 것으로 만족하지 말고 지킬 때까지 가르치라고 명한다.

들은 말씀대로 살아볼 수 있도록 돕는 구조를 만들기 위해 말씀 듣는 횟수를 줄이라고 말할 수는 없다. 이러한 문제를 해결하기 위해 말씀의 주제 수를 되도록 줄여서 선포할 필요가 있다. 이를 위해 모든 교회학교의 아침 경건회와 설교와 공과공부의 주제와 본문을 같게 했다. 주제를 하나로 통일했더니 아이들이 주제를 기억하게 되었고 들은 말씀대로 살아볼 여력이 생겼다. 그러나 아침 경건회와 설교와 공과공부의 주제를 통일한다는 것 자체가 인도하는 교역자에게는 고통이었다. 그래서 교사 경건회에서는 주제에 대한 개요를 정해 개관을 설명하고, 설교 시간에는 본문에 충실하여 본문에 대한 말씀을 나누었으며, 공과공부 시간에는 적용 중심으로 진행했다.

누군가 굳이 어렵게 주제를 하나로 통일하는 이유를 묻는다면 나는 이렇게 대답할 것이다. 첫째, 아이들이 주제를 어떻게 해서든 기억하게 하겠다는 의지며 둘째, 아이들이 주제대로 살도록 돕겠다는 의지에서다. 설교나 공과를 인도하는 목회자나 교사들은 제한된 시간 안에 되도록 많은 양의 지식을 전달하려고 한다. 그런데 전달하는 양이 많다보니 주제에서 벗어나게 되고 듣는 사람은 오늘 말씀의 요지를 잡아내지 못하는 결과를 낳는다.

그러므로 설교나 공과공부를 마칠 때 배운 내용을 한 문장, 한 단어로 요약할 수 있는지 답할 수 있어야 한다. 그리고 삶에서 "어떻게 해야 할지"에 대한 반응에 답할 수 있어야 한다. 이러한 질문을 던지면 던질수록 주제가 명확해지고 모든 내용을 집중해서 단순화시킬 수 있다.

단순화시키는 위대한 도구는 반복이다. 반복은 일상성을 통해 얻을 수 있는데 중요한 주제일수록 반복을 통해 우리 아이들이 체질화할 수 있게 하는 것이 중요하다. 이러한 전제 아래 우리는 "예배와 말씀은 밥처럼"이라고 부르짖는다. 예배와 말씀을 보약처럼 먹으면 사람의 영혼은 죽어갈 수밖에 없기 때문이다. 보약 먹이는 심정으로 이번 한 예배를 통해 모든 것을 이루겠다는 식으로 교회교육을 하는 것은 위험한 일이다. 하루 세끼를 보약으로 먹는다면 어떤 일이 일어나겠는가? 중요한 것일수록 일상 속에서 반복하는 것이 중요하다. 재미나 자극은 덜할지라도 일상성을 가지고 반복하여 아이들이 기억하는 주제대로 살도록 도전하고 돕는 것이 교회교육의 진수다.

그리고 우리 아이들이 주일에 나눈 말씀대로 사는지 점검해야 한다. 이를 위해 전화심방을 월요일에 한다. 주일에 얼굴을 보았음에도 월요일에 전화를 하는 이유는 주일에 들은 말씀대로 살아보라고 독려하기 위해서다. 대개 토요일에 전화 심방을 하면 주일예배에 빠지지 말라는 식의 출석 독려형 심방이 될 가능성이 있다.

현대 사회에서 단연코 두드러지는 화두는 선택과 집중이다. 무엇인가를 선택하지 않으면 어떤 일도 다 해낼 수 없다. 선택한다는 것은 단순화한다는 의미며 집중한다는 것은 반복과 의미가 같을 수 있다. 선택하여 단순화하고 단순해진 것을 반복하면 학습 효과는 뛰어날 것이다.

 테니스공을 한 개 던져주면 대부분 공을 받는다. 그러나 공 세 개를 동시에 던져주면 누가 받을 수 있겠는가? 우리 아이들이 서커스 단원이 아닌 이상 목회자와 교사들이 말씀을 세 개 이상 동시에 던지는 것은 아이를 골탕먹이는 일밖에 되지 않는다.

# 9장
# 가정을 지지자로 만들라

### 경쟁 관계인가? 지지 관계인가?

부모들은 자녀들이 교회 활동을 열심히 하면 할수록 성적이 떨어진다고 우려한다. 이런 부모님들의 우려가 사실이라면 부모 입장에서 참 당혹스러운 일일 것이다. 교회학교는 부모를 교회학교 사역의 지지자로 삼기 위해 다른 문제는 다 제쳐놓고서라도 이 문제부터 해결해야 한다. 그렇지 않으면 부모와 경쟁 관계가 될 것이 뻔한 이치다.

사실 공부 잘하는 아이가 무조건 신앙 좋은 것은 아니다. 하지만 신앙 좋은 아이들은 최선을 다해 공부하는 것만은 확실하다. 신앙이 좋다는 말 속에는 자신이 해야 하는 일에 최선을 다한다는 뜻이 들어 있음을 아이들에게 알려주어야 한다. 최고가 되지 못할 수는 있지만 자신이 지금 하고 있는 일에 반드시 최선을 다하라고 말이다.

그래서 나는 열심히 공부하는 것도 리더 훈련의 중요한 과목으로 삼았다. 그래서 리더 훈련의 첫 번째 목표를 "리더 훈련 받으면 성적 떨어진다는 속설을 깨자"로 삼았다. 아이들이 토요일에 하는 10주간의 리더 훈련을 신청할 때 두 가지 서류를 내야 했는데 부모의 동의서와 성적표였다.

성적표는 아이들의 자존심이라 아무에게나 함부로 공개하지 않는다. 성적표를 제출했다는 것은 이미 목회자와 아이들의 관계가 충분히 돈독하다는 증거로서 리더 훈련의 반은 성공했다는 표시다. 그러므로 리더 훈련에 들어가기 전에 먼저 목회자나 교사들이 아이들과 인격적인 관계를 맺는 일이 중요하다. 인격적으로 친밀한 관계를 맺어 놓으면 아이들은 성적표를 자연스럽게 제출한다. 나는 5년 전 직접 리더 훈련시켰던 아이들의 성적표를 아직도 보관하고 있다. 성적표를 받은 교사와 목회자는 아이들의 성적을 면밀히 관찰하여 리더 훈련 기간 중 아이들이 학업에 소홀해지지 않도록 시험 일정을 알아내 공부할 수 있도록 돕고 격려했다. 리더 훈련 기간 중에 성적이 떨어진 아이들은 리더 훈련에서 제외시킬 정도로 냉정하게 훈련을 진행했다.

리더 훈련을 할 때는 왜 우리가 공부를 해야 하는지, 세상에서 영향력을 발휘하려면 실력이 얼마나 필요한 것이지 계속 일깨웠다.

제자훈련을 할 때 아이들에게 꿈이 뭐냐고 물으면 나오는 대답들이 참 당돌하다. 요즘엔 보편적으로 여자아이들과 남자아이들이 가진 꿈이 서로 바뀌었다. 남자 아이들은 요리사, 헤어디자이너, 피부관리사 등을 꿈꾸는 반면, 여자 아이들은 직업군인, 경찰, 파일럿 등을 꿈꾼다. 한편 아이들은 대부분 교수, 변호사, 목사, 정치가 등 직업 자체를 자신의 비전이라고 대답한다. 그러면 나는 "어떤 교수? 교수가 되어서 뭐하려고?"라며 집요하게 질문을 해본다. 교수와 변호사는 직업일 뿐이며 하나님 앞에서 삶을 살아가는 자세가 비전이라는 것을 가르친다.

김영삼 대통령이 어려서 거제도에 살 때 책상 앞에 '미래의 대통령 김영삼'이라고 써놓고 주일학교를 다니며 열심히 공부했다는 이야기를 들었다. 결국 그 장로님은 어렸을 때의 꿈대로 대통령이 되었다. 그런데 어린 김영삼이 다니던 주일학교 선생님이 그에게 "어떤 대통령? 대통령이 되어서 뭐하게? 하나님 앞에서 어떤 대통령이 되려고?"라는 질문을 던져 고민하고 씨름하게 해주었다면 그가 얼마나 더 근사한 장로 대통령이 되었을까 하는 아쉬움이 남는다. 나는 아직도 그 꿈을 포기하지 않고 아이들을 향해 기대하는 바가 있다. 아이들의 책상 앞에 '하나님 앞에서 정직한 미래의 대통령 ○○

O'이라 써놓고 언젠가 이러한 비전이 이뤄지기를 기대한다.

그리고 리더 훈련 때마다 그 비전에 대해 집요한 질문을 던지고 있다. 그러면 아이들은 직업 자체에만 매달리지 않고 하나님을 위해 그리고 무엇을 위해 직업을 가질 것인가 고민하기 시작한다. 그 고민은 치열하게 공부하는 동기 부여가 된다.

결과적으로 아이들 대부분의 성적이 올랐고 이를 계기로 부모들과 절대적인 신뢰 관계를 맺게 되었다. 부모와의 신뢰 관계는 의외로 가까운 데 실마리가 있었다. 이제는 모든 프로그램에 부모들이 자신의 자녀들을 자원하여 등록하게 하고 있으며 교회학교 리더 훈련의 인원 제한 때문에 자녀가 훈련 대상에서 탈락하면 이제는 목회자를 찾아와 로비를 하는 단계에 이르렀다. 그러기까지 3년이 걸렸지만 해볼 만한 일이었다. 그러므로 교회학교는 작심하고 교회 활동 많이 하면 성적이 떨어진다는 왜곡된 전설을 종식시켜야 한다.

### 신앙의 가치와 부모의 가치를 하나로 만들라

가정의 부모와 교회학교와의 가장 큰 장애물이 또 하나 남아 있다. 그것은 교회 안에서는 신앙이 좋다는 부모들이 자녀에 관한 일에 대해서는 철저히 세속적인 가치관을 가지고 있다는 점이다. 자녀의 공부와 진학하는 문제, 결혼 시기에 배우자 선택하는 문제에서 특히 이러한 이중성이 두드러진다.

다시 말해 부모가 자녀에게 보이는 신앙의 가치들이 교회와 가정에서 서로 전혀 다르다는 데 문제가 있다.

한 아이가 내게 와서 하는 말이 자신이 학교에서 1등을 했더니 온 집안에 잔치가 벌어졌다고 한다. 그런데 교회에서 성경퀴즈 1등 했더니 공부나 잘하라는 핀잔을 받았다고 한다. 이 말을 하는 아이의 얼굴은 아주 슬퍼 보였다. 결국 아이는 효자인지라 교회에 나오는 횟수가 점점 줄어들게 되었고 부모를 기쁘게 하기 위해 예배와 공부를 맞바꾸었다.

자녀가 수련회를 통해 은혜를 받을 수 있게 해주어 고맙다고 교역자에게 말하는 부모를 만나기 어렵다. 그러나 교회 공부방에서 공부를 열심히 시켜서 성적이 올랐다고 떡에 선물까지 보내는 이들은 많이 보았다. 아이들은 자기 앞에 차려진 밥상의 크기를 보고 부모가 어디에 가치를 두는지 알아내고 결국 그 가치에 인생을 걸고 산다.

많은 부모들이 자녀가 수험생이 되면 세속적인 가치와 타협한다. 그동안 위장되어 있던 가치가 위기 상황에서 겉으로 드러난 것이다. 예를 들어, 처음에는 자녀가 시험 기간이면 교회학교 예배에 보내지 않고 부모가 드리는 성인 예배에 데리고 들어간다. 그래야 자녀가 중간에 새지 않고 바로 집으로 돌아와 공부할 수 있기 때문이다. 그 다음에는 교회 오가는 시간을 아끼기 위해 가까운 교회에 가서 예배를 드리라고 한다. 그러나 아는 사람 하나 없는 교회에서 아이는 이

방인이 되어 마음이 점점 교회에서 멀어지고 결국 교회를 떠나는 수순을 밟는다. 이때부터 아이는 교회와 예배는 자신의 필요에 따라 바꿀 수도 있고 생략할 수도 있는 것이라는 가치관을 갖게 된다. 결국 성인이 되어 스스로 결정할 수 있는 나이가 되면 교회를 떠나게 되고 만다. 그때 가서 부모가 자녀를 붙들고 울며불며 왜 교회를 떠나느냐고 해봤자 이미 때는 늦었다. 문제가 생겨 신앙으로 풀어보려고 해도 이미 자녀는 신앙을 잃어버린 상태가 되어 회복이 어렵다.

교회 전체 차원에서 이러한 부모들의 세속적인 가치를 성경적인 가치로 돌리는 설교와 가르침에 대한 전략이 필요하다. 한 예로, 유대인들이 전 세계의 상권과 노벨상을 휩쓰는 것은 쉐마라는 독특한 신앙 교육에서 그 비결을 찾을 수 있다. 세상 사람들은 자연과 세상의 이치를 발견하려고 학문을 공부하지만, 유대인의 신앙 교육은 세상을 지으신 하나님을 먼저 알고 사랑하도록 가르치면 세상의 이치는 저절로 깨우치기 마련이라는 교육철학을 가지고 있다. 성인의 신앙 가치가 여전히 세속적인 가치를 가지고 있을 때에는 그 피해는 고스란히 우리의 자녀들에게 돌아간다는 것을 명심해야 한다.

### 부모 됨이 무엇인지 가르치라

요즘 아이들이 즐겨보는 책이 「성공하는 가족의 7가지 법칙」, 「아동발달 단계」, 「유태인의 자녀 교육법」이라는 이야기를 들었다. 자

청소년 학부모 교육 시간 모습

신이 얼마나 제대로 키워지고 있는지 아이들이 직접 확인하고 나서 그 책임을 부모에게 따지기 위해서란다. 비록 우스갯소리라고는 하지만 이런 이야기를 하는 아이들의 착잡한 심정이 이해된다.

  요즘은 가정에 아이가 하나밖에 없다보니 특히 엄마들이 자녀들을 쪽쪽 빨다시피 하며 애지중지 키우는 경향이 많다. 맛있고 좋은 것은 무조건 아이에게 먹이고 입히는데 이러면 아이들은 잠재의식 속에 "세상에 가장 소중한 존재는 나"라는 생각을 갖는다. 이런 아이들은 커서도 부모를 안중에 두지 않는다. 맛있고 좋은 것은 무조건 자기가 차지하고 보는 버릇없는 불효자가 되는데, 이는 전적으로 부모의 책임이다. 자녀를 아낀다는 게 오히려 망치고 어른은 어른 대접 받지 못하는 일이 일어나게 된다. 그래서 우리 부부는 제일 맛있는 것은 자녀들이 보는 앞에서 서로에게 먹여주는 일을 하기 시작했다. 좋은 것을 자녀에게 먹이고 싶은 마음이 굴뚝같지만 오히려 약 올리면서 우리가 먼저 먹었다. 그랬더니 이제는 으레 좋은 것은 부모가 먼저 먹는 것이라고 알고 있다.

그러므로 결혼을 앞둔 남녀를 대상으로 결혼예비학교를 통해 교육하듯, 부모들을 대상으로도 교육을 해야 한다. 곧 부모가 된다는 것이 성경적으로 어떤 의미가 있는지, 자녀와의 의사소통법, 학습지도법, 컴퓨터 중독을 극복하는 방법과 같이 이론과 실전을 겸비한 교육을 실시할 필요가 있다.

한번은 대중적으로 유명한 강사를 초청해 청소년 자녀를 둔 부모를 대상으로 집회와 강의를 겸한 대그룹 부모세미나를 4회 연속으로 한 적이 있다. 그런데 이러한 행사는 과제물이나 나눔이 없어 부담은 없지만 행사성 강의로 끝나버리는 경우가 많다.

그래서 이번 학기에는 강의는 최소한으로 줄이는 대신 그 강의 내용을 가지고 부모들이 그룹의 도우미인 교사들의 도움을 받아 서로 그날의 주제를 구체적으로 적용하여 나누고 공동 과제를 수행하는 소그룹 중심 부모학교를 6회에 걸쳐 시행해보았다.

실제로 부모들에게 도움이 되었던 것은 대그룹 세미나보다는 공동 과제 수행이 있었던 소그룹 중심의 부모학교였고 호응도 훨씬 좋았다. 부모학교 프로그램은 찬양 20분, 조별 과제 나누기 20분, 강의 1시간, 강의 내용에 따른 적용과 나눔 30분, 공동 과제 수행 10분, 중보기도와 마침 순서로 진행했다.

강의 전에 부르는 찬양은 주로 자녀들이 교회학교에서 부르는 찬양을 부모가 배움으로써 나중에 가정 예배 때 자녀들과 함께 부를 수 있도록 도왔다.

강의별 주제는 "하나님의 초대, 하나님의 부모, 하나님의 자녀, 하나님의 가정, 하나님의 양육, 하나님의 축복"으로 6주에 걸쳐 다루었다. 특히 '하나님의 양육' 주제의 강의는 선택 식으로 만들어 의사소통 훈련, 학습 지도 및 학습법, 컴퓨터 중독 중 하나를 선택하여 듣도록 준비했다. 강의는 1시간 20분 이내로 실제적이며 적용 가능한 내용들을 사례로 제시해 지루하지 않도록 준비했다.

강의 후에는 그날 강의 주제에 맞추어 부모의 회개 기도문 쓰기, 자녀와 데이트하기, 자녀 문화 체험하기, 가정예배 드리기, 가족 선포문 만들기, 가족 초대하기 등 그날 해야 하는 과제를 주었다. 부모가 일주일 동안 해온 과제물을 가지고 강의 전에 조별끼리 나누고 나눈 내용 가운데 좋은 것은 전체에게 발표하도록 했다.

강의실 환경을 위해서는 아이들이 자신의 부모에 대해(가장 좋을 때와 가장 싫을 때 베스트 5) 설문조사한 내용을 전시했고 부모들에게 권장할 만한 추천도서를 전시했다.

부모들이 참여하는 조별 활동을 돕기 위해 기존의 교회학교 교사들 중에 자녀를 키워본 경험이 있는 교사들을 미리 선발 교육해 기도의 어머니, 아버지 역할을 맡겼다. 기도의 어머니, 아버지는 부모들이 부모학교 교육을 잘 받을 수 있도록 섬기며 부모들의 출석과 과제물을 챙겼다. 매주 전화로 가정을 심방하며 부모학교 기간 중 한 가정씩 만나 가정과 자녀에 대한 기도 제목을 나누고 함께 기도하며 부서 교역자들의 중보기도가 필요할 때 요청했다.

6번째 주 마지막 날에는 자녀들을 초청해 함께하는 축제로 즐기며 나누었다. 이렇게 세밀하게 준비한 프로그램을 통해 교회학교가 부모들의 가정을 섬기고자 노력하고 있다는 의미가 전달되었고, 부모학교에 참여한 가정들은 교회학교의 전적인 지지자가 되었다.

# 10장
# 학교를 사역지로 바꾸라

## 국기봉을 접수하다

앞장에서도 말했듯이 학교는 사역지이며 내 의지와는 상관없이 던져진 곳이 아니라 소명을 받고 파견된 곳이다. 보냄을 받은 자는 보내신 분의 목적을 이루어야 할 의무가 있다. 학교를 사역지로 바꾸기 위해서는 아이들이 학교 복음화를 위해 전략적으로 해야 할 일을 교회학교가 도와주어야 한다.

아이들에게 학교에서 그리스도인으로 사는 법을 구체적으로 가르치고 피드백 해주어야 그들이 그렇게 살 수 있다.

이를 위해 가장 쉬운 방법부터 도전할 필요가 있다. 학교를 영적인 전쟁터라고 생각할 때 상징적으로 고지가 어디인지가 명확하다. 그것은 바로 깃발이 꽂혀 있는 곳 국기 게양대다.

교회학교 어린이와 청소년들에게 남보다 30분 먼저 등교해 국기봉을 에워싸고 영적으로 접수하여 기도하고 하루를 시작하도록 독려했다. 그런데 실제로 국기봉 주위에서 기도하는 것보다 30분 먼저 등교하는 것이 훨씬 더 어려운 일이었다. 그러므로 국기봉 기도운동을 하기 위해서는 일찍 일어나 등교하는 습관과 생활 훈련이 병행되어야 한다는 사실을 절실히 느꼈다. 이 같은 기도운동은 제자훈련, 리더 훈련의 일환으로 진행하는 것이 효과적이다.

우리 교회에 다니는 아이들 몇이 국기봉 주위에 모여 기도하기 시작했다. 국기봉을 에워싸고 나라와 학교와 선생님들과 기독동아리들을 위한 중보기도를 하고 나서 공부를 시작하는 우리 아이들은 공부와 학교를 대하는 자세가 사뭇 달라졌다.

한번은 새벽 봄 안개가 모락모락 피어나던 계절에 아이들이 이른 아침에 학교에 모여서 기도했다. 리더인 아이는 서서 기도하고 나머지 아이들은 그날따라 은혜를 받아 자갈화단에 무릎을 꿇고 기도하고 있는데, 이 장면을 본 수위아저씨가 득달같이 달려왔다. 아마 학교 폭력이 벌어지고 있다고 생각했나보다. 이때 리더인 아이가 "아저씨 조폭이 새벽에 뜨는 것 보셨어요?"라는 전설 같은 말을 남겼다고 한다.

이러한 신앙 무용담을 예배 시간에 아이가 직접 간증 식으로 풀어 놓으니 나머지 아이들이 크게 도전을 받았다. 그 사건 이후로 우리 아이들이 내세운 구호들은 완전히 조폭들이 쓰는 과격한 용어로 바뀌었다. 다름 아닌 "학교를 우리가 접수하자"였다. 그 말대로 우리 아이들은 학교를 그들의 '나와바리'로 삼아 영적인 점령을 하나하나 이루어갔다.

급훈을 접수하다

국기봉을 접수한 후에 아이들이 관심을 가진 것은 급훈이었다. 대개 급훈은 담임선생님이 짓는 경우도 있지만 아이들에게 공모하여 결정하는 경우가 더 많기 때문이다. 옛날에 대개 걸려 있던 급훈들은 "정직 근면 성실, 최선을 다하자, 고진감래, 고생 끝에 낙이 온다, 청소를 잘하자, 국가에 충성" 등이었다.

그런데 요즘은 주로 "밥값은 하자, 합격증 휘날리며, 엄마가 보고 있다, 일 년 폐인 영원공주, 적당히 살지마, 2호선을 타자, 재수 없다, 죽기 아니면 까무러치기, 여기는 사람냄새 나는 곳"과 같은 급훈들이 주를 이루고 있다. 일 년간 공부하며 폐인처럼 살면 평생 영원한 공주처럼 살 수 있다는 여고의 급훈도 재미있고, 서울대가 있는 2호선을 타고 다니자는 급훈도 눈에 띈다. 이러한 급훈들은 내가 실제로 CA 활동을 위해 학교를 방문했을 때 반에 걸려 있는 것을 보고

구정고등학교 CA ― 점심을 지원하며 모임을 후원하는 모습

너무 재미있어 수첩에 옮겨 적은 것들이다.

급훈이 중요한 이유는 아이들이 매일 보는 칠판 정중앙 위에 걸려 있는 일종의 상징물이기 때문이다. 어떻게 보면 실외에서 국기봉이 중요한 자리를 차지하고 있다면 급훈은 실내에 걸려 있는 국기봉과 같다. 그 급훈에는 아이들의 가치가 들어 있기에 우스운 이야기 같지만 급훈을 접수하자고 다짐하고 기회를 보았다.

이때 우리 예수님 믿는 아이들이 작심하고 근사한 급훈을 미리 만들어 가지고 기다리고 있다가 급훈을 공모하는 시간에 많은 양의 급훈을 제시하여 그 중에 하나가 선택되게 하는 전략을 짰다. 이때 우리 아이들이 미리 준비해간 급훈들은 "공부해서 남 주자, 배워서 남

주자, 일만 명 먹여 살릴 수 있는 인생 되자, 밥값만 해서 되냐? 꿈꾸는 인생, 쩝도 있다. 꿈 없이 잠들지 말고 꿈 없이 깨지 말자, 멀리 보고 뛰되 한 걸음부터, 머리는 차갑되 가슴을 뜨겁게, 뱀처럼 지혜롭되 비둘기처럼 순결하게, 생각은 자유롭되 행동은 절제 있게, 한 우물을 파되 우물 안 개구리는 되지 말자"였다. 이렇게 미리 준비한 신앙적인 급훈들은 대부분 믿지 않는 아이들에게도 선택되었고 학급 정중앙에 걸리게 되었다.

### 동아리와 교문을 장악하다

국기봉을 접수한 후 이제는 구체적으로 학교 안에서 영향력이 제일 큰 곳이 어디인지 묵상하기 시작했고 그곳이 교문이라는 사실을 발견했다. 이 교문을 드나드는 우리 교회학교 아이들과 믿지 않는 아이들에게 영향력을 끼칠 방법을 연구하기 시작했다.

연구 결과, 교문에서 시위부터 하자고 결론 내렸다. 피켓을 들고 하는 시위가 아니라 항상 그 자리에 얼굴을 보이는 일명 '얼굴 시위'였다. 지금도 우리 교회학교 청소년 전임사역자들은 이른바 영적 얼굴 시위를 매주 토요일마다 교문 앞에서 하고 있다.

교문 앞에 서서 아침에 등교하는 모든 아이들에게 눈이 마주칠 때마다 "하이 스쿨" 하며 말을 건넨다. 그러면 아이들은 어느 학원에서 나왔느냐고 묻기도 하고 궁금해하기도 한다. 우리 교회학교에 나오는 아이들은 미리 말을 맞추어서 사역자들이 "하이 스쿨" 하면 "홀리 스피릿"이라고 마음속으로 답하기로 했다. '하이 스쿨'이란 오늘 학교 생활할 때 주눅 들지 말고 하나님의 사역자로서 승리하길 원한다는 축복의 기원이다. '홀리 스피릿'이라는 말하는 것은 성령님이 나를 그렇게 살도록 도우실 것이라는 대답이다.

사역자가 매주 교문 앞에 등장하다보니 그는 그 학교에서 누구나 다 아는 유명인사가 되었다. 교회학교 아이들은 처음에는 어색해하다가 이제는 먼저 찾아와 손을 잡게 되었고 나중에는 "목사님 정말로 매주 오시네요" 그러더란다. 몇 주 오다가 그만둘 줄 알았는데 1년간 계속 오니까 감동을 받은 것이다. 이런 과정 속에 학교 선생님들의 괜한 오해를 사서 떠밀리듯 쫓겨난 해프닝도 벌어졌다. 시험 보는 날에는 OMR 카드용 사인펜을 교문 앞에서 선물로 나누어 주었다. 어떻게든 아이들의 잠재의식 속에 교문 앞에 서 있는 우리의 존재가 각인되기를 바라는 전략이었다. 6개월쯤 되었을 때 하루는 교회에 일이 있어 한 청소년 사역자가 교문 앞에 나가지 못했는데 아이들이 걱정을 해주었다고 한다. 다음 주에 갔더니 지난주에 무슨 일이 있었느냐고 물어 오는 아이들이 있어 얼굴 시위 전략이 성공했구나 하는 결론을 내리기도 했다.

아이들을 축복하며 교문 앞에만 서 있어도 그 학교 사역자의 영향력이 나타난다. 매주 교문 앞에 서 있는 것 자체가 고역이고 힘들었지만 해볼 만한 일이었다.

광화문 네거리에서 누군가가 하루 종일 한 손을 들고 하늘을 가리키고 서 있으면 처음에는 지나가는 사람들이 미친놈 취급을 할 것이다. 그러나 그런 일이 며칠간 지속된다면 지나가던 사람들이 다같이 그 미친 사람이 가리키는 쪽의 하늘을 바라보면서 무엇이 있나 궁금해할 것이다.

1년을 계속하면 'TV 특종'과 '세상에 이런 일이'라는 프로그램에서 나와서 취재를 할 것이다. 3년만 하면 그 미친 사람을 추종하는 마니아 그룹이 만들어질 것이다. 5년만 지속하면 연구하는 학파가 생겨날 것이다. 이것이 지속성의 위력이다. 하늘을 향해 한곳에서 3년간만 손을 들고 가르쳐도 그 지역에 위대한 영향력을 끼칠 수 있다. 하물며 거룩한 학교 복음화의 의도를 가지고 교문 앞에서 얼굴 시위를 지속하면 얼마나 놀라운 영향력이 나타나겠는가?

요즘 학교들은 특별활동 같은 모임을 많이 갖는다. 그리고 동아리들이 활성화 되어 있고 이미 기독동아리가 있는 학교들도 있다. 그런데 막상 우리 교회학교 아이들은 방송반, 영어회화반, 합창단 같은 동아리들을 선호한다. 기독동아리는 결국 문을 닫든지 아니면 학교에서 가장 말썽부리는 아이들을 교화 차원에서 차출하여 모아놓는 현대판 삼청교육대처럼 되는 것이 현실이다.

이를 해결하기 위해 교회학교 청소년들에게 학교에서 기독동아리를 결성하든지 아니면 기독동아리에 들어가 너희들이 리더가 되면 모든 재정적인 지원과 사용 공간을 교회학교가 제공해주겠다고 약속했다. 그리고 약속한 대로 그 기독동아리에 재정적으로 제일 풍성한 지원을 했고 학교 축제 때를 노려서 모든 간식, 필요한 물품, 심지어 가스펠 가수이지만 공연 가수까지도 대주었다. 그랬더니 기독동아리의 위상이 높아져 학교 안에서 무시 못할 영향력 있는 단체가 되었다. 학교 안에서 학생들이 의사 결정을 하는데 기독동아리의 의견이 강력하게 반영되는 열매가 나타났다.

그 후로는 교회학교 안에서도 학교에서 기독동아리 활동을 안 하는 아이들은 따돌리려는 분위기가 되었다. 교회학교 회장, 부회장, 임원들은 당연히 학교 안에서 적극적으로 자신이 예수 믿는 사람임을 드러내고 활동하고 있는 실력 있는 아이들로 선출되었다. 이러한 아이들이 교회학교 임원들로 선출된다는 것은 교회학교가 건강해지고 있다는 뚜렷한 증거다. 학교에서는 예수 믿는 사람임을 숨기며 박쥐처럼 숨어서 실력과 영향력 없이 살다가 교회학교에만 오면 활기차고 한자리 해보겠다는 아이들이 많아질수록 교회학교의 체질은 약해질 것이다.

교역자들이 이제는 당당히 학교 안에 들어갈 수 있게 된 것이 우리에게는 기회다. 이제는 공립학교들조차 인성교육에 대한 더 이상의 대안이 없기에 기독교 CA를 만들어 놓고 지역교회들에게 교역자를 보내달라고 애원하는 시대가 되었다. 예전에는 공립학교에 기독교 CA를 개설한다는 것은 참 어려운 일이었다. 그러나 이제는 들어가서 헌신할 교역자만 있으면 얼마든지 학교에서 환영한다.

이를 기회삼아 교역자들이 학교 안에서 우리 아이들을 만나고 학교를 사역지로 삼아서 학교 안에서 사역하는 것이 당연하고 자연스럽게 만들어야 한다. 그래서 우리는 학교 방문을 위해 번개모임을 아예 학교 안에서 하고 그때 햄버거와 같은 간식을 싸가지고 간다. 그리고 믿지 않는 친구들도 데려오라고 해서 같이 간식을 나누며 만나는 시간을 갖는다.

학교 선생님들을 아군으로 만들기 위해 스승의 날이면 교회학교의 이름으로 난이나 꽃을 준비하여 "우리의 아이들을 잘 키워주셔서 감사합니다"라는 글을 적은 카드를 주며 좋은 관계를 유지한다.

### 학교를 공략하기 위한 네트워크가 필요하다

교회학교들은 교회 주변에 있는 지역 학교들의 필요를 채워주어야 한다. 요즘 학교에서 제일 필요한 것이 아이들을 상담해줄 상담교사, 기독교 CA반을 운영해줄 사역자, 기독동아리의 연습 장소와 공연 장소이고, 교회가 이를 제공해주길 원하고 있다.

그러므로 교회학교는 학교에 보낼 전문 사역자를 양성해 제공하고 학교가 원하는 물질적인 필요를 채워주어야 한다. 그리고 지역교

강남지역교회 청소년연대 모임 모습

회의 사역자가 학교에 들어가 고품질의 신앙 교육을 위해 CA 시간에 사용할 수 있는 프로그램, 가르칠 내용을 제공해줄 학원선교 단체들의 도움과 연계도 필요하다.

교회는 사역자를 공급하고 청소년 전문 선교단체는 사역자가 일할 콘텐츠를 제공하는 것이다. 이러한 네트워크 없이는 학교 사역 자체가 힘들고 어려워 소모전이 되기 쉽다. 교회학교가 자체적으로 학교 현장에서 쓸 교육 내용과 프로그램을 연구 개발하여 가르칠 여력이 없기 때문이다. 다시 말해, 기독신우회와 기독 CA반 운영을 할 때 필요한 것은 재정과 인력과 자료다.

지역학교들의 동아리반이나 학교 행사들을 교회 시설에서 할 수 있도록 교회 문을 열어놓는 것 또한 중요하다. 우리 교회는 바로 옆에 있는 학교들에게 합창제나 동아리 활동을 할 수 있도록 교회 시설을 우선적으로 개방하고 있으며 이를 통해 좋은 유대 관계를 맺을 수 있었다.

교회 차원에서 여전도회 회원들이 나서서 학교 동아리 간식 지원, CA 재정 지원을 하는 등 교회학교와 유기적으로 사역을 하고 있다. 특히 자신의 자녀가 속한 연령대에 맞는 여전도회를 참여케 하면 회원들이 더 많은 관심을 갖고 적극적으로 협조하는 모습을 보였다. 이로써 교회학교, 여전도회, 지역학교, 청소년 선교단체의 네트워크가 가능했고 효과적인 복음화 방법이 되었다. 이를 더 확장해 지역 교회들을 네트워크 안에 합류시켜 각 교회 주변 학교들의 CA를 입양하여 섬기는 사역을 내년부터 할 계획이다. 이러면 지역교회들의 학교 입양 사역이 연계될 것이고 서로 보완하며 한 지역 전체의 어린이, 청소년들을 복음화 시키는 연대 사역이 이루어질 것이다.

### 학원선교 단체와 협력 관계를 맺으라

소망교회는 학교 현장에서 개 교회학교가 사역할 수 있는 방법과 재료를 공급해주는 청소년 전문 선교단체를 지원하고 있다. 현재는 서울 강북 지역에 있는 '넥타' 라는 학교 전문 선교단체에 우리 청소년 담당 전도사를 전임사역자로 파송하고 재정 지원을 하여 그곳의 사역을 전수받고 있다.

앞으로는 청소년 전문 단체에 파송하는 인력을 더 늘려 생활비를 대주면서 그들이 학원 선교사로 서도록 도울 계획을 가지고 있다. 이를 통해 강남 지역에도 훈련받은 인적 자원이 새로운 강남 지역 청소년 사역을 개척하여 각각의 교회학교들이 연합하여 학교 CA를 돕고 기독신우회에 참석하는 교사들을 도울 것이다. 또한 강남 지역 교회들이 주변 학교들의 CA를 입양하여 재정적으로 후원하고 지도 목회자를 파송할 비전을 가지고 있다.

우리 교회의 청소년 목회자들과 교사들이 주변 여섯 개 학교의 CA를 돕기 시작한 지 벌써 2년이 넘어가고 있다. 2년이 지난 지금 평가해보면 교역자들은 충분한 동기 부여를 통해 지속할 힘이 있지만 같이 참여한 교사들은 처음에는 열정적이었다가 점차 지쳐가는 모습을 보였다. 교사들과 목회자들에게 학교 CA를 돕는 사역을 위한 지속적인 충분한 훈련과 동기 부여가 없었다는 한계를 발견했다.

그래서 우선 청소년 부서들의 교사와 목회자들이 청소년 전문 선교단체의 도움을 받아 가칭 'CA 섬김학교'를 약 6주간 열어 학교 사역에 자원하는 교사들과 목회자들을 훈련하는 세미나와 훈련 과정을 마련할 계획이다. 이때 지역교회들을 초청하여 같은 마인드로 결집하여 훈련받은 내용을 가지고 지역학교들을 입양하여 섬긴다면 더 효과적이며 좋은 열매를 거두리라고 확신한다.

# 11장
# 교회학교를 훈련소로 바꾸라

**주님이 정하시면 우리는 한다**

군대에 가면 어느 부대나 '정병육성'이라는 구호가 적혀 있는 것을 많이 본다. 교회학교의 궁극적인 기능 가운데 중요한 것은 세상의 악한 세력과의 전쟁을 위한 정병을 육성하는 데 있다.

분명 교회학교의 기능에는 병원과 같이 치유하는 기능도 있고 가정과 같이 재충전해주는 안식처의 기능도 있다. 성도가 교제를 나누며 즐기는 유람선 같은 기능도 있다. 그러나 이럴 때 교회학교는 반드시 '무엇을 위한 치유며, 무엇을 위한 재충전이냐, 무엇을 위한 교제이냐'는 문제를 제기해야 한다.

우리는 교회학교를 뱃놀이하는 곳으로 삼지 않았다. 우리는 교회를 훈련하는 곳으로서의 기능과 역할을 극대화시켰으며 철저한 사역 훈련이 실시되는 장소로 삼았다. 우리는 교회학교를 세상과 싸우다 지치고 상처 받은 사역자만 안식하고 재충전할 수 있는 곳으로 삼았다.

아이들은 보면 만날 외치는 말이 '상처론'이다. 세상이 아닌 교회 안에서 배우고 일하다가 상처를 받았다는 말에 나는 할 말을 잃는다. 나는 아이들에게 본래 상처는 세상에서 받아야 하며 세상에서 받은 상처만이 진정한 영광스런 상처라고 말해주었다.

혹시 교회 안에서 상처를 받았다면 그것은 상처가 아니라 자해라고 말해야 한다. 팔이 다리에, 다리가 머리에 상처를 냈다면 그것이 자해가 아니고 무엇이겠는가? 나는 아이들에게 세상에서 영적 전쟁하다 받는 것만이 상처이고 세상에서 받은 상처를 싸매고 치유하는 곳이 바로 교회학교라고 정의해주었다.

가장 지리멸렬한 군대는 외부의 적과 싸워보기도 전에 내분이 일어나 스스로 망하는 군대다. 교회학교 아이들끼리 서로에게 상처를 입거나 상처를 주는 것만큼 어리석은 일이 어디에 있겠는가?

북한 군대가 외치는 구호 가운데에서 제일 마음에 드는 구호가 "당이 결정하면 우리는 한다"이다. 전쟁을 결정하는 주체가 명확히 드러나 있고 결정을 전폭적으로 수행하겠다는 의지의 표현만큼은 너무나 욕심이 난다.

"주님이 결정하면 우리는 무엇이든 한다"고 우리가 외치고 세상과 맞장 뜰 수만 있다면 얼마나 놀라운 일이 일어날까 생각해본다. 교회학교의 기능을 병원으로 만들어 놓으면 치유 사역은 될 수는 있지만 예방 사역은 이루어지지 않는다. 교회학교를 훈련소로 삼는다는 전제는 사후 처리하는 시스템이 아니라 사전에 예방하는 사역을 하겠다는 뜻이며 이러한 예방 사역의 효과가 나타났다.

교회학교의 사역과 훈련은 전쟁을 위한 훈련이기에 혹독한 면이 있어야 한다. 은혜의 내용을 담지만 그 형식만큼은 혹독해야 정병을 육성할 수 있다.

군대에 가서 유격 훈련을 받다 보면 꼭 죽을 만큼 시키며 정말 죽을 것 같을 때 비로소 훈련이 끝난다. 죽을 것같이 혹독하고 죽을 것같이 고통스럽지만 이 훈련은 정말 죽으라고 시키는 게 아니다. 살 수 있게 하려고 시키는 것이다.

편한 군대에서 생활한 사병들은 육신은 편할지 몰라도 전우애는 없다. 특전사나 해병대를 보면 혹독한 훈련으로 인해 육신은 고통스럽더라도 그들에게는 생사고락한 이유로 깊은 전우애가 있다. 전우애가 깊은 군대가 전투에서도 반드시 승리하는 이유는 분명하다. 자신의 생명을 보존하는 데 연연하지 않고 전우의 생명을 내 생명처럼 지켜주려고 할 때 그 전투에서 반드시 승리할 것이다.

마찬가지로 교회학교에서 어느 정도 아이들과 사랑과 이해의 관계를 맺으면 그들을 혹독한 상황으로 내모는 훈련이 필요하다. 우리 교회학교에서는 아웃리치나 국내 성지 순례나 국토순례 프로그램을 진행하는 동안에는 육신을 힘들게 하고 철저하게 간식을 절제시키는 방법을 택하고 있다.

훈련소의 훈련 내용을 보면 아주 단순한 것부터 몸에 배도록 가르친다. 여기에서 우리가 배울 점이 있다. 훈련소 4주 훈련 중 두 주는 제식훈련을 통해 순종하고 복종하는 훈련을 시킨다. 교회학교에서 가장 중요한 훈련소의 기능은 말씀 앞에 무조건 복종하고 순종하여 그 말씀이 맞든 틀리든 그대로 실천하고 실험해보도록 독려하는 것이다.

그러므로 모든 훈련 내용과 교과 내용을 단순화해야 한다. 단순해야 아이들이 훈련의 초점이 무엇인지 알고 따라올 수 있다. 중요한 한 가지를 선택, 집중하여 단순화시키고 반복하게 하면 그 내용이 우리 아이들의 것이 된다.

훈련소의 교과 내용이 후반부로 갈수록 생존을 위한 실전 훈련으로 이루어져 있듯이 교회학교의 모든 교육 내용도 실전에 초점을 맞추어야 한다. 실전을 위해 이론을 정립하는 것도 중요하지만 이론은 반드시 증명하고 실험해봐야 참다운 이론이 되듯이 실험 정신으로 시도할 수 있도록 독려해야 한다. 큐티도 반드시 해볼 수 있도록 하고, 중보기도도 실천하도록 하고, 구제도 직접 헌금을 한 후 불우한 이웃을 찾아가 돕도록 하는 등 체험 중심으로 교육 내용을 구성해야 한다.

이러한 신앙 자세로 무장한 아이들은 커서 하나님의 방법대로 돈도 벌고 공부도 하겠다는 다짐을 했다. 그러면서 아이들은 하나님의 방법대로 의롭고 정직하게 돈 벌고 공부하다가 결국 쫄딱 망하게 된다면 교회 정문 앞에 비석을 세우겠다고 협박 아닌 협박을 했다. "나 ○○○는 하나님의 방법대로 돈 벌고 공부하다 쪽박 차다"라는 이런 협박은 받으면 받을수록 기분 좋은 협박이다. 그만큼 자신 있기 때문이다.

위대한 군대에는 항상 멋진 깃발이 있다. 소대가 이동할 때에도 맨 앞에 서 있는 기수는 항상 깃발을 들고 다니며 고지를 점령한 후에 반드시 깃발을 꽂는다. 깃발은 군대의 사기이며 나아가야 할 방향과 같다. 그러한 의미에서 교회학교는 앞에서 다루었듯이 비전과 핵심가치와 교회론을 깃발로 분명하게 제시해야 한다. 항상 모든 사람들이 이 깃발을 볼 수 있도록 해야 하며 힘들수록 더욱 바라보며 살도록 해야 한다.

위대한 군대에는 또한 항상 함께 부를 수 있는 노래가 있으며 같은 제복이 있다. 교회학교도 영적인 원리에서 마찬가지다. 평소에는 각기 다른 다양한 은사와 재능을 활용하며 사역하여 다양성을 극대화한다. 하지만 영적 전쟁이 돌발해서 싸움이 치열해지면 치열해질수록 같이 부르는 찬양과 제복의 중요성이 드러난다.

어린이 성경학교와 청소년 수련회를 인도하다보면 참 놀라운 특징을 한 가지 발견한다. 집회에 은혜가 더하면 더할수록 주제에 맞는 찬양 하나가 강력하게 등장한다는 점이다. 그 찬양은 수십 번 불러도 지루하지 않으며 하나의 주제 찬양이 된다. 더 놀라운 점은 그 해 주제와 딱 맞아 떨어지는 찬양이 선택된다는 점인데, 이는 성령님이 역사하시는 증거라고 확신한다.

예배와 수련회, 성경학교에서 찬양의 역할은 더 이상 설명할 필요가 없다. 같은 제복을 입고 훈련에 임하는 것은 동질감과 통제에 필요한 일이기도 하지만 전투 수행에 효과적이라는 개념이 더 강하다.

### 어른으로 대접하라

아이들이 미래에나 사도가 되는 것은 먼 미래의 일이라 여기면서, 지금은 어린이로만 대하면 그들은 언제나 어린아이 같은 행동만 하게 된다. 그러나 아예 처음부터 어른 대접을 해주면 그들은 어른처럼 생각하고 행동하며 책임 있는 사역자가 되고자 한다.

어렸을 때 병아리가 알을 깨고 나오는 것을 보았다. 핏덩어리 같은 놈이 고통스럽게 껍질을 한 조각, 한 조각 깨고 나오는 걸 보니 너무나 처절하고 불쌍한 마음이 들어 알을 깨고 나오는 것을 도와주었다. 그런데 나중에 보니 내가 도와준 놈들은 비실비실 대다가 결국 모두 죽었고 처절하게 혼자 힘으로 나온 놈들은 팔팔했다. 험한 세상에서 살아남으려면 스스로 삶과 씨름하고 훈련의 고통을 맛보아야 한다.

교회학교를 훈련소 개념으로 전환하려면 아이들을 자생적인 공동체로 만들 필요가 있다. 그래서 교사들이 해주는 일을 최소한으로 줄이고 아이들이 직접 활동하고 예배까지도 직접 진행해볼 수 있도록 배려했다. 그랬더니 아이들은 교회 일에 적극적으로 참여하며 주도적인 사람이 되어 갔다.

어린이들을 데리고 아웃리치를 나가거나 리더 훈련을 할 때에도 어른들에게 하는 것과 똑같은 방법을 썼다. 자기 짐은 자기가 들고 아웃리치 비용도 교회학교에서 아무 지원해주지 않고 스스로 충당하게 했다. 아이들이 선교에 참여하겠다고 결정했을 때 재정을 어떤 식으로 준비할 것인지 계획을 짜게 했다. 이때 중요한 것은 모든 것을 부모의 도움에 의존하지 않게 하고 스스로 용돈과 아르바이트로 감당할 재정의 몫을 결정하게 하는 것이다.

이를 통해 아이들은 스스로 재정을 준비하는 훈련을 받았으며 자신이 준비한 돈으로 받는 훈련에 임하는 진지함이 남달랐다.

**콩나물과 콩나무 이론**

아이들이 어떤 사역자로 자라느냐는 전적으로 교회학교라는 토양에 달려 있다. 나는 이것을 '콩나물과 콩나무 이론'이라고 이름 붙였다. 아이들을 쉽게 키우려고 물이나 주면 아이들은 같은 콩이라도 시루 안에 든 콩나물이 되고 만다. 콩나물은 재생산의 능력 없어서 뽑아 먹으면 그만인 신세이다. 그러나 같은 콩이라도 땅에 심으면 자라는 시간은 몇 십 배 오래 걸리지만 콩나물이 아니라 '콩나무'가 된다. 콩나무는 가지를 뻗고 그 가지에 수십 배, 수백 배의 콩을 맺는다. 교회학교를 강하게 훈련하는 공동체, 혹독한 훈련이 있는 공동체, 아예 처음부터 어른 대접하여 강하게 키우는 토양으로 만들 때, 우리 아이들은 재생산이 가능한 콩나무로 자라게 될 것이다.

인생의 발전은 안전에 있지 않고 성장에 있다. 성장은 안전을 포기하는 모험 속에서만 일어나기에 성장하려면 모험과 훈련을 요구할 수밖에 없다. 길라움 아폴리네어의 시에는 이런 내용이 있다.

"이 절벽 끝으로 오너라." 그가 말했다.
"우리는 두렵습니다"라고 그들은 대답했다.
"이 절벽 끝으로 오너라." 그가 말했다.
그들은 그곳으로 갔다.
그는 그들의 등을 떠밀었고

그들은 숨겨 두었던 날개를 파다거렸다.

교회학교는 아이들을 편하고 좋게만 키울 게 아니라 막다른 골목으로 몰아 그들 안에 하나님을 향한 야성을 회복시키는 사역을 해야 한다.

교회학교는 시험을 보는 곳이 아니라 훈련을 받는 곳이다. 시험을 보는 곳이라면 성적을 매겨 쓸모 있는 사람과 쓸모없는 사람을 구분하는 일에 모든 시간을 보낼 것이다. 일정 점수 이하의 사람은 아예 쓰지도 않고 일할 기회도 주지 않을 것이다. 그러나 교회학교는 점수를 매기는 곳이 아니라 훈련하는 곳이기에 모든 사람들의 가능성에 항상 문을 열어놓고 미래의 시각으로 바라봐준다. 그래서 훈련하는 공동체는 항상 포용성이 있고 아무리 연약한 사람일지라도 하나님이 쓰시기에 편한 사람으로 만들어지기를 소망하는 분위기가 형성되기에 건강한 공동체가 된다.